谨以此书

纪念遣隋唐使以来中日文化交流 1413 年

“发现日本”系列丛书

发现 九州

牛忠玉 林 彦 徐晨阳 著

中国華僑出版社

·北京·

图书在版编目（CIP）数据

发现九州 / 牛忠玉，林彦，徐晨阳著．— 北京：中国华侨出版社，2021.1

ISBN 978-7-5113-8410-2

Ⅰ．①发… Ⅱ．①牛… ②林… ③徐… Ⅲ．①九州—旅游指南 Ⅳ．①K931.39

中国版本图书馆 CIP 数据核字（2020）第 226680 号

发现九州

著　　者　牛忠玉　林　彦　徐晨阳
策划编辑　蔡明熹
责任编辑　江　冰　桑梦娟
项目统筹　蔡明熹
封面设计　黄毅文
版式设计　蔺　辉
内文装帧　官桂芳
经　　销　新华书店
开　　本　787 毫米 ×1092 毫米　1/16　印张 18.5　字数 320 千字
印　　刷　佛山市合创展印刷有限公司
版　　次　2021 年 1 月第 1 版　　2021 年 1 月第 1 次印刷
书　　号　ISBN 978-7-5113-8410-2
定　　价　78.00 元

中国华侨出版社　北京市朝阳区西坝河东里 77 号楼底商 5 号　邮编：100028
法律顾问：陈鹰律师事务所
发行部：（010）64443051　传真：（010）64439708
网址：www.oveaschin.com　**E-mail**：oveaschin@sina.com

总序

2019年4月1日，“令和”被宣布成为日本的新年号。“初春令月，气淑风和”，浓浓的和风气息扑面而来，美感十足。“令和”新年代的到来，会让国家呈现出怎样新的可能性？2020年的东京奥运会，会像1964年东京奥运会那样蓄势待发，出现经济高速发展吗？

日本是一个不断变革的国家，自1868年明治维新以来，就让中国人另眼相看。

150多年前，在4艘美国黑船的胁迫下，闭关锁国的岛国日本选择了不战而开国。与黑船同行的翻译是广东人罗森，他为此行写了《日本日记》，并在香港发表，这是近代中国人写日本的第一篇游记，开启了对日本的发现之旅。中国首任驻日参赞黄遵宪，著有令梁启超倍感叹服的《日本国志》，这是近代中国人研究日本的第一本书，第一次引发了中国知识分子前往日本求知，追求民族复兴、国家变革的留学潮。留学生中有孙中山、蔡锷、蒋介石、鲁迅、陈独秀……

让我们放慢脚步，行走观看日本各地的景物，细细体会和对话，从日常生活中发现邻国的历史文化，了解日本独一无二的魅力。

经历了20世纪90年代的泡沫经济后，日本已从增长放缓的束缚中解放出来，实现从经济富足到内心富足的转变。人与自然和谐相处，人与自然可持续发展。2013年，“和食：日本人传统的饮食文化”入选联合国教科文组织世界非物质文化遗产名录。和食表现了自然的秀美和季节的变化，多元的新鲜食材以及对其原有滋味的尊重。它是日本民族简约里追求极致的真实写照，令日本文化走向海外。

日本人为了一碗热腾腾的白米饭，发明了电饭锅，还煮出柴火灶的味道，把煮饭的难度降到最低；因为喜欢拉面，强调演变出特色，甚至发明了方便面，普及到没有传统面食的地方，让方便面成为世界性的商品，全球平均每人一年吃不少于10碗的方便面。

日本独特的文化与风貌是由农业创造而来的。

日本国土70%是青翠欲滴的深山幽谷，拥有从北方亚寒带至南方亚热带的广阔而丰富的生态系统。火山温泉，河流峡谷，人们在生活中，努力把这种多样性的自然生态系统作为自己的家园来经营，随处可见精致的生活景观。

南起冲绳，北至北海道，每到3~5月，岛国从南到北都笼罩在粉红色的樱花浪漫中。以花见初识日本，再到日本的深度游，你会感受到日本人经年累月、永不懈息的磨炼与精进，把每天一成不变的生活变得精致起来。

在东京，欣赏日新月异的城市，品味江户城小吃，漫游轻井泽，让休闲生活多一缕情调和幸福。

在北海道，感受北方大地的冰雪，撒欢辽阔的天然牧场，薰衣草的观赏农业和日本农村的富裕生机勃勃，还可寻访原住民阿伊努人和丹顶鹤的家园。

在九州，发现日本起源地，探索原野里的古迹，以及神的祭祀传统活动跑山笠，体验长崎的开港和舶来品文化，滑入温泉乡。

在冲绳，迷恋日本的海滩美之最，满足对海天颜色的所有想象，仰望星空和心灵对话，还有海洋生物从头顶身边掠过；在全球的长寿天堂，发现人与植物不衰老的秘密。

“发现日本”丛书，以“发现”的视角，走进国人熟悉而又陌生的邻国日本，让读者深度了解日本国家自然风貌、民族习性、饮食文化、地理和历史，知晓日本，更懂中国。

“发现日本”丛书编辑委员会

2019 年 6 月

前言：面向世界的窗口

九州，日本第三大岛，名称源于此地旧时的筑前、筑后、丰前、丰后、肥前、肥后、日向、萨摩、大隅九国，称九州。今由福冈、佐贺、长崎、大分、熊本、宫崎、鹿儿岛等县组成。

九州，是日本面向世界的窗口。

九州福冈博多，是西望亚洲大陆的第一扇窗户，来自亚洲大陆的文明最先由这里登陆传入日本。水稻、中国汉代金印在此落户，汉文字最早出现。遣唐使从这里出发，佛教由此上岸，瓷器开始制作，在两个世纪的时间里，日本受到中国的思想、文化、技艺、制度的影响，博多几乎复制了当时最先进的思潮。

德川时代锁国的日本，不仅没有被封闭，反而留下了四个窗口：松前藩、萨摩藩、对马藩和长崎藩，除了最北端的松前藩在北方的虾夷地（即后来的北海道）对阿伊努人进行北方贸易外，其他三个藩都在九州，在通商的同时，维系与世界的交流。

九州长崎是继博多之后近代日本唯一对外交往的口岸，是与亚洲重要邻邦中国交流的窗口，设有专供中国商人居住的社区“唐人屋敷”，长崎成为日本华侨的发祥地。就连郑芝龙、郑成功父子的霸业，也在九州一个叫“平户”的小港口开始发展。长崎开创了日本近代与西方交往的历史，开始传播基督教和进行贸易，建立了日本最早的天主教堂。来自欧洲的最强的国家荷兰人唯一允许在此贸易，从欧洲舶来的知识被称为“兰学”，开创了日本近代向西方学习的先河。

位于日本和朝鲜之间，由几座小岛组成的对马藩，在边境岛上发挥了日本与朝鲜双方的桥梁作用。当然，还有最南端萨摩藩对琉球（即后来冲绳）的来往。

九州鹿儿岛的萨摩藩开启了对近代西方科技文化的学习模仿，鹿儿岛出现日本第一家纺织所，第一批英国留学生，明治维新的精英西乡隆盛、大久保利通、木户孝允 、东乡平八郎，都来自鹿儿岛，日本的近代工业和明治维新思潮首先在此发轫示范。

九州成功地推动了日本明治维新，效法欧美列强，1905 年对马海峡日俄海战日本的胜利，标志着日本岛国近代的崛起，仅用一代人的时间，日本就晋身世界强国之林，走向现代化的世界。

文明的弄潮儿，得风气之先的九州，把源自国外的美味，演变成为日本道地的“土产”。如声名远播的九州限定辛明太子（鲑鱼子）、长崎蛋糕、熊本马肉刺身、萨摩烧酒、博多拉面、咖喱饭……

带有唐风的中国的瓷器、陶器技术，到九州后融合东洋式的审美，成为有田烧、唐津烧，从这里的伊万里港出发，走向世界。

博多最早的佛寺一条街，在佛教传入日本后，把书法、饮茶文化渗透日本，发展为茶道、书道。

如今，这些文化无论出生地在哪里，在九州都加入了日本的个性。

九州还是日本历史文化的发源地之一，日本民族诞生的摇篮。

距今一万年前，“绳纹文化”，由南部的九州逐渐向北方传播。

九州的山山水水是自然财富。阿苏山是世界最大的一座活火山，风景美丽。火山周围是温泉之乡，有享誉日本的汤布院温泉和别府地热景观。

福冈是九州的重要门户和交通枢纽。以福冈机场和新干线博多站为主构成了便利交通网络，发挥着从古至今连接世界的功能。从长崎坐飞机到东京要1小时45分钟，到上海只要1小时10分钟，当时长崎流行一句话：“穿着木屐去上海”，形容交通之便捷。

九州，无论是探访古代商业繁华，还是找寻近代工业的遗迹，都是值得一去再去的。

九州区域示意图

（仅供旅游参考，不作界线区分使用）

目 Contents 录

州，可寻

目 Contents 录

州，可闻

州，可品

Chapter9
好物，人气“九州限定”

州

亚洲大陆文明落地生根

可寻

福冈
佐贺
大分
长崎
熊本
宫崎
鹿儿岛

Chapter1

福冈

亚洲文明的登陆点

九州福冈博多，来自亚洲大陆的文明首先由这里登陆传入日本。中国汉代金印在此出现，遣唐使从这里出发，佛教由此上岸，瓷器开始制作，在两个世纪的时间里，博多几乎复制了当时最先进的思想、文化、技艺、制度，受到中国先进思潮的影响。

博多湾 因遣唐使而繁华

博多，隔着大海对面是朝鲜半岛。很久以前，这里与亚洲大陆桥连接，这个时期，动物和人类沿着陆桥走到日本。陆桥断开后，留下了对马岛、壹岐岛，它们成为海上桥梁。沿着这条通道，从亚洲大陆朝鲜半岛过来了“渡来人”，他们带来了水稻、农具、陶器、豆酱和筷子。

借助博多湾的自然条件，水稻种植如火如荼，人口增长非常明显。从中国和朝鲜半岛输入文明，占有地利条件的博多，获得了比东日本先进的发展。在西日本形成了几个酋长国，开始了与大海彼岸的世界交流。

幸运和天命，使博多湾成为外来人口进入日本的门户。大海那边，从长江下游三角洲地域，顺着对马海流航海的船只，相继被风吹刮到博多湾，形成了到日本的海上航路。

博多湾海岸线长128千米，湾口宽7.7千米，常年水色明媚，岛影绰约。博多的城市沿湾而立，占尽海涛松风之雄姿、山光水色之神韵。郭沫若年轻时曾经留学九州大学医学部，在博多生活了6年左右。他天天看到博多湾的景色，写下了的诗句。“博多湾水碧留黎，白帆片片随风飞。愿作舟中人，载酒醉明辉。”

到博多湾看一看大海，夏天沐一下海水浴。

福冈塔一带就是海滨公园。若远走一些，是到博多湾西南角的福冈市西区的长滨海岸（今津海岸）。港湾和翠绿的松原，这一切，对于这座城市都是不可缺少的元素，坐在这里眺望，我们能感受到从四面八方涌来的航船，向博多湾航行靠岸，有一种魅力在等待、在召唤。

博多港，一直是日本与亚洲乃至世界相连接的重要港口。古代中国、新罗派往日本的使节以及商人都经博多港上岸。

在中国唐宋时期，博多港迅速崛起达到鼎盛。

自 600 年日本派遣隋使以来，到 838 年最后的遣唐使出发为止，合计有 17 个日本正式外交使节团访问了中国的首都。从日本平城京或平安京出发的一批批遣隋使、遣唐使以及留学僧，在历经海上苦难前后都需要通过博多港作为中转港口。他们从博多湾出发，回程也朝着博多湾登陆。时至今日，博多港仍旧是日本第一的国际游客登陆港，是许多从大陆乘船来日本旅行游客的必经之地。这里不仅每天多班高速船和渡轮往返福冈（或待定），还有海外大型邮轮停靠。

宁波港是南宋以后唯一被中国政府认可的对日贸易港，所以宁波港（古明州港）和博多港一起成为中日交通线上的重要始终点。商船顺着季风的方向，每年三月至八月从博多出发回中国，每年的农历九月至十月从宁波出发至博多。沿着海上商道前行，途中分别经过了数个岛屿，奄美大岛—屋久岛—种子岛，等候顺风，终于进入博多湾。

博多湾内，两边有突出的半岛作为天然屏障，很少受到来自太平洋洋面上风浪的影响，潮流也较平缓。在日本不少地区，地震、台风等自然灾害是“家常便饭”，而在博多港却基本上没有发生，自古以来博多港就作为一个天然良港存在。

博多（ha ka ta）这一地名，最早见于759年《续日本记》的“博多大津”。关于地名的由来，在多种说法中有一条：“来源于土地广博，人和物产多。”

博多，古称那之津，是作为大宰府外贸港口发展起来的日本最古老的港口之一。在中国唐代，作为贸易港，博多的知名度也很高，称其为“霸家台”“八角岛”。博多港和宁波港对接，“博多津唐房”的中国人多数来自浙江，唐高僧鉴真东渡日本期间，明州（宁波）多次成为他的“跳板”，日本僧人去中国求法，也大多先到浙江宁波，附近的天台山在佛教上的特殊地位，成了日本僧人极为向往的先到之处。

遣唐使团的规模每次由 250 ~ 500 人构成。使团成员包括大使等官员，还有文书、医生、翻译、画师、乐师等各类随员和工匠水手。此外，还包括长期滞留在中国的优秀的留学生和学问僧。他们学习掌握政治和行政制度、法律、学术、文学、医学和药学，以及美术、佛教、技术等。

唐代先进的农具如唐锄、唐犁，以及种茶、织染等技术，制作陶瓷、漆器等工艺先后在博多登陆，被日本加以改造和创新。九州享誉天下的陶都，称唐津烧；日本染布源头之一的福冈筑前绞，染料叫唐蓝；还有后来成为日本品牌的博多织、唐铗（博多剪刀），都打上了“唐”的时代烙印。

在日本太宰府统治的时代，唐朝商船抵日后，官方的贸易只能由太宰府官员和中国商人在鸿胪馆等指定地方进行（今福冈市和平台），这些贸易得来的中国货，对当时日本人来说，是非常有魅力的。太宰府官员也有坐收渔利、中饱私囊。豪富世家把收购的唐物作为荣耀。

唐越窑青瓷是当时明州（今宁波）外销商品的大宗，日本境内近 50 处遗址中都有发现越窑青瓷，主要集中在九州地区。宋代，宋商相继东渡来到日本，运抵博多的陶瓷不单是越窑系的产品，还有来自越窑以外的广大地区。不仅是太宰府和博多，在整个北九州各地都发现了宋代的陶瓷，人们在庄园中可以普遍享用，宋陶瓷日用品化，贸易的繁荣由此可见一斑。这些舶来品有的还被转运到关东一带。

来往于中日之间的，不仅是遣唐使、各种商品和商人，还有两国的高僧们。以僧侣往来为主，是唐宋时期中日文化交流的主要活动。

唐高僧鉴真，不畏海难，六次渡海前往日本，直至双目失明。那时东渡日本惊涛骇浪，九死一生。“山川异域，风月同天，寄诸佛子，共结来缘。”鉴真借此四句劝说弟子，决意东去弘法，终将佛教戒律带到了日本。他不仅成为日本佛学界的一代宗师，更是将大唐的文明一同带到了日本。鉴真“文化输出”的重要组成包括中医、书法，还有建筑，建造了著名的唐招提寺，保存至今。鉴真带到日本的佛教文化代表了那个时代日本文化的最高境界。

1000 多年以后，“山川异域，风月同天”写在日本 HSK 事务局援助湖北抗击新型冠状病毒感染的肺炎疫情的物资上，回流中国。鉴真以这种方式重回故国，体现了中日文化上的源流远，温暖而感人。

日本遣唐使中，前往大唐求法的僧人数量最多，称为“留学僧”或“学问僧”。著名的学问僧除了空海大师、最澄外，还有阿倍仲麻吕，他有一个汉文名，叫晁衡。晁衡在唐朝生活了 50 多年，李白为他还写下《哭晁卿衡》诗：“日本晁卿辞帝都，征帆一片绕蓬壶。明月不归沉碧海，白云愁色满苍梧。”

留学生和学问僧到达中国之后，努力完成对中华文明的学习。最大限度地吸取唐朝文化，收集各种有助于日本发展的书籍、器具、技术和艺术制品等，再带回日本。

奈良时代，佛教被作为日本国家宗教，为了学习教义，僧侣们用公款留学，他们承担了将中华文明传播到日本的责任。他们在中国禅寺中留学，回国时不仅带回了宗教思想，也带回了中国的文化、艺术、新知识。

高僧们在博多港上岸后，第一站就在当地开堂讲经，弘扬佛教，创建寺庙。当时最鲜活的思想文化都在寺庙。博多，得风气之先，形成了一条寺庙群落街，仅次于京都、奈良。博多的东长寺是日本佛教密宗最初灵场，圣福寺是日本第一代禅宗寺庙，其影响力甚至比统治着这里的世家还要根深蒂固，书法、禅茶、枯山水庭院，人们的思想、衣食住行，受寺庙的影响是空前的。

佛教，作为外来文化在博多生根开花结果，并完成了东洋式的个性发展。此外，很多食物和烹饪方法也是禅僧带回来的。寺院是最早吸收中国文化和饮食的地方。日本最初关于饮茶的记录就是留学中国 30 年的大僧在寺院为来访的天皇点茶，当时的唐朝把饮茶视为新的时尚，才刚开始普及。

圣福寺是留学中国的荣西禅师从宋国带回茶树的日本茶发源地。禅宗将饮茶的风俗以及茶点普及日本。寺内还立着不许喝酒食肉的戒律碑。佛教的普及带来食肉的禁忌，渗透影响了日本人对食肉的态度。

承天寺是中国传来的面条、馒头，还有博多织的工艺的纪念地。

博多瓷器遗迹

九州博物馆展示的在博多发现的龙泉窑系青瓷，以及广东省潮州窑生产的白瓷、陕西省黄堡窑生产的耀州青瓷等，充分显示出博多对于宋元中日贸易往来，是一个极其重要的地方。

博多古街上的唐代梅瓶。

博多城市印象

●博多街区旧景。

●博多机场的关羽像，此像由福冈市『白木大五郎』氏为祝愿日中友好而赠。

●博多古街地面上的绘图，描述博多港1899年开港历史、15～17世纪博多商人的崛起，以及战后博多的发展新貌。

鸿胪馆 古代外交与贸易馆舍

历史给了博多许多大好的机会。封建诸侯黑田长政在博多西面的福崎丘陵上修筑了舞鹤城，因黑田的祖先居住地叫“备前邑久郡福冈”，故也称舞鹤城为福冈城。于是，“福冈”这一名称诞生并沿用至今。

8 世纪后半到 9 世纪，从新罗、渤海、唐朝等，很多商人来到博多，博多湾是大陆文化的窗口、大门。在面临博多湾现在的舞鹤公园，旧时设了外交设施“鸿胪馆”，是作为遣唐学子歇脚的馆舍。

鸿胪馆是日本古代接待外国使臣和商人的馆所，先后分设于难波、太宰府和平安京，后仿隋唐鸿胪寺名改称鸿胪馆。“鸿”意为“大”，“胪”意为“传播”。“鸿胪”在此作为外交官的官名。它是接待留宿唐朝和新罗使节的迎宾馆，是遣唐使和遣新使出发前做准备的场所。后来，来鸿胪馆的主角变成了唐、五代、北宋的商人，这里成为与中国贸易的平台。唐代商船抵日之际，中国大陆使者或商人与日本官员的接触地点，指定在太宰府的派出机构鸿胪馆，鸿胪馆一直是古代日本最大的国际交流的据点。

鸿胪馆有多种功能，比如出入境管理、迎宾、交易、博多湾的防卫等。来访博多的大陆的商人们被迎进鸿胪馆。他们在此滞留期间，接受现在所说的入国审查。来自太宰府的来访者的情报传送到京城，接受朝廷的指示。

1987年，在舞鹤公园内发掘了鸿胪馆遗址，从中发掘出中国唐宋遗物、朝鲜半岛的陶器，以及波斯的玻璃制品等珍贵出土文物。

后来，宋朝商人东渡日本多避开太宰府，自博多入境，鸿胪馆的官贸易衰落，由宋人开展的私贸易开始，鸿胪馆亦废。

从宋代开始，侨居博多的中国商人逐渐增多，两国之间的贸易往来密切。博多的店铺里所卖的有宋朝的陶瓷、茶器、绘画、铜镜、木梳乃至刚出版的书籍。南宋时，福州泉州等福建沿海港口的商人经过中国明州两浙市舶司东渡日本，旅日的商人们并不下榻于鸿胪馆，而是各自居住在比较方便的住所，博多形成了宋人居住区。

至明代，在博多西面的箱崎出现了“大唐街”。从中国来的人们在博多筑起中华街“博多津唐房”（“房”和“坊”通，表示町的区划）进行交易。

此时，在日本和南宋之间进行贸易的，是南宋来的商人和居住在博多津唐房的贸易商。博多津唐房存续了约 200 年。在博多被称作“博多纲首”的宋人的头目，他们和寺庙神社、贵族等的权势者结合，作为船主乃至船长，频繁往来中日间，在东南海域积极开展贸易活动，博多流入了大陆的新文化。豪商们经营中国的元明贸易船，以东海为舞台往来于琉球、朝鲜等。由于他们带来了财富，博多极其繁荣。

镜天满宫的入口，有一块“渡唐口遗址”石碑，面朝鸟居的左脚边。镜天满宫位于大型商业设施博多河边商场和大仓宾馆之间。

渡唐口遗址的石碑上，刻有“渡唐口跡 冷泉津 袖湊”的字样，在博多湾的旧图上，可以看见草香江、冷泉津两条岔湾。“袖湊”是为了与宋开展贸易而建造的日本最早的人工港，也是商都博多作为日宋贸易的大门进一步繁荣的基石。一旁的说明牌上，除介绍了镜天满宫名字的由来以外，还写着“当时，这一带是遣唐使往来，中国文化率先在日本登陆的地方”。

中日贸易的见证

●鸿胪馆出土的越州窑系青瓷碗。唐越窑青瓷是当时明州（今宁波）外销商品的大宗，日本境内近50处遗址中都发现有越窑青瓷，而主要集中在九州地区。

●商船顺着季风方向，每年农历三月至八月从博多出发回中国，九月至十月从宁波出发至博多。

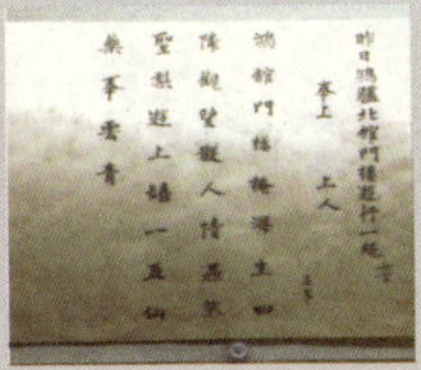

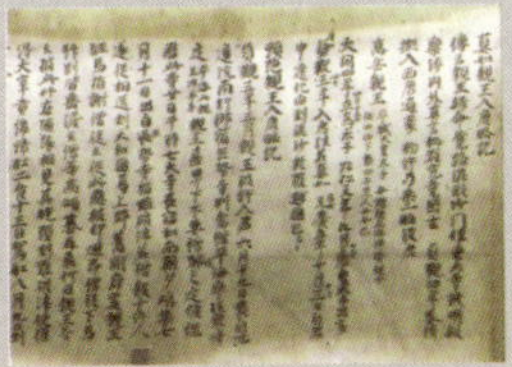

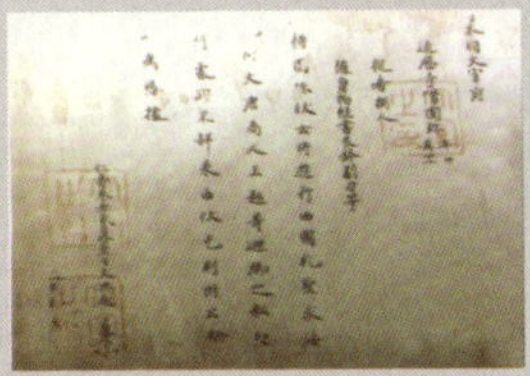

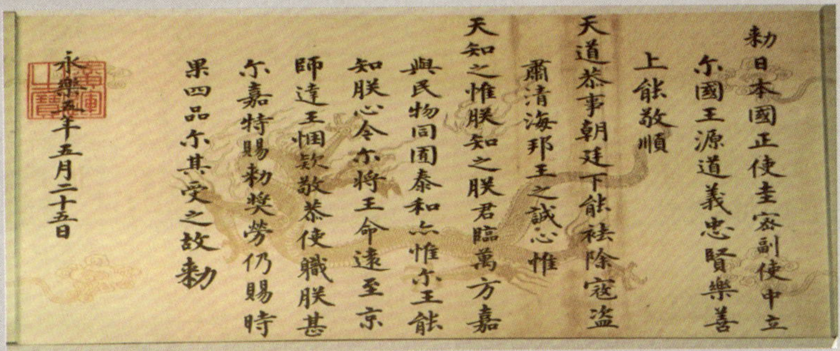

勅日本國正使圭密副使中立
爾國王源道義忠賢樂善
上能敬順
天道恭事朝廷下能袪除寇盜
肅清海邦王之誠心惟
天知之惟朕知之朕君臨萬方嘉
與民物同囿泰和亦惟爾王能
知朕心令爾將王命遠至京
師達王悃款敬恭使職朕甚
爾嘉特賜勅獎勞仍賜時
果四品爾其受之故勅
永樂五年五月二十五日

鸿胪馆遗迹

●《唐人送别诗》、《真如亲王入唐略记》、太宰府公验（旅券）、明成祖敕书等史料。

●唐船抵达鸿胪馆，以及鸿胪馆的交易场面。

东长寺 『书圣』空海始建

在日本遣唐使众多入唐学问僧里，最为著名的有最澄、空海、常晓、圆行、圆仁、惠运、圆珍和宗叡八个人，被称为“入唐八大家”。空海到达唐朝国土之后，跟随长安青龙寺的惠果大师潜心研究佛法，学习梵语，在密教兴隆的长安住了近两年，完整地从惠果那里学习了密教的全般知识，继承了惠果衣钵而成唐密八世祖，回日本后成为东密和真言宗，即真言密宗始祖。

空海回到博多，在太宰府等待朝廷批准进京的三年里，他并未闲着，不仅经常给众人讲经，还创讲堂设道场，大力弘扬真言宗。为了收藏带回来的佛像和经书等物件，就买了一个港口旅舍，仿照唐建筑物，在这个地方建成了一间寺院——东长寺。这是空海在日本最初创立的寺院，也是日本历史最为悠久的寺院。

806 年创建的东长寺当初地处海边，福冈藩第二代藩主黑田忠之把它迁移到现在的地方，后黑田潘主葬于此。东长寺今位于今福冈市博多区，被誉为“密教东渐日本最初灵场”，虽后来也出现了不少流派，但以空海为最，东长寺也就声誉远播。传说寺内的五重塔顶的伏钵里置有空海从中国带回的佛舍利。寺中保存的木造千手观音菩萨立像至今被认为是重要的文化遗产。

空海，他是日本“书圣”，被称为“日本的王羲之”。

在日本的书道史上，有三笔三迹被日本人尊为书法圣人。著名的“平安三笔”（即平安时代三位最优秀的书法大家）是：空海、嵯峨天皇、橘逸势。其中最为出色的首推空海。空海采用王羲之的风格、颜真卿的笔法，再加上自己的独创与天性，形成独特的书法笔法，被奉为入木道（即书道）的开山鼻祖。据记载：唐朝皇宫中所藏王羲之的墨迹损坏，知空海擅长二王书法，就请他补上。结果，他补的地方，几乎与羲之原迹一般无二，令人难以分辨，传为中日书法交流史上的佳话。

东长寺宝物殿里还藏有空海的千字文（未公开）。这千字文在本能寺之变时，由住在本能寺的博多的大富商岛井宗室携带出来，后来捐赠给空海创建的东长寺。另外，公开展览的有空海亲笔“东长密寺”的寺名匾额。

东长寺里还有 10.8 米高的日本最大木造大佛——福冈大佛，佛像的坐台里有地狱和极乐世界的旋转画。

东长寺

东长寺位于今福冈市博多区，被誉为『密教东渐日本最初灵场』。传说寺内的五重塔顶的伏钵里置有空海从中国带回的佛舍利。寺中保存的木造千手观音菩萨立像至今被认为是重要的文化遗产。

南岳山

十一面観音
聖天
摩利支天

圣福寺
扶桑最初禅窟

圣福寺与东长寺隔着一条马路。圣福寺创建于 1195 年，是日本禅宗及茶的发源地。寺院门口的一块牌匾上写有“扶桑最初禅窟”字样，相传此牌匾是后鸟羽天皇所赐之物。

荣西禅师二次入宋回国后，作为临济宗的开山始祖，得到了当时把持朝政的镰仓幕府将军源赖朝的鼎力支持，模仿了宋式禅院的建筑技艺，在博多修建了圣福寺，这是日本第一座禅宗寺院。到了室町时代，圣福寺成为五山十刹制度排名第三的寺庙。以圣福寺为起点，荣西带来的禅宗体系在日本获得了全面的发展。

荣西最大的贡献，是从中国将陆羽的《茶经》及茶籽带回去日本，使茶与禅宗融合，禅茶一味，构建为日本茶道的基础。

饮茶，是憧憬中华文明的日本贵族、僧侣等特定阶级的时尚风潮。遣唐使废止后，关于茶的记录变少，茶不再作为普通饮料，只在寺院的特别仪式饮用，或者贵族作为药饮用。经过大约 300 年的中断之后，茶再次出现了。曾在中国留学的荣西禅僧，在他第二次去中国留学时，带回了茶的种子，在日本开始栽培。

荣西禅师一生研究佛经和茶叶，曾两次到中国学习。

28 岁的荣西从九州博多搭乘中国赴日贸易船入宋，从明州（今宁波）登陆，参拜了浙江省的天台山和阿育王山。他亲眼看到了以都城临安（今杭州）为中心的南宋地区禅宗的兴盛，饮茶之风的普及。禅林有吃茶的风气、礼仪以及“茶禅一味”的说法。回国后荣西专心研习佛教，47 岁时再度入宋，在台州天台山万年寺向临济宗黄龙派著名高僧虚庵禅师学习禅宗，后来继承了临济宗正宗禅法。

荣西禅师归国后，为兴禅布化，广传吃茶而四处奔波，写下《兴禅护国论》《吃茶养生记》两本书时，正值日本佛教诸多宗派杂乱，各立山头，各自为政，导致纷争不断，争论不休。而此时的荣西大行以茶养生之道，当普法时机渐为成熟时，再来兴禅，推广禅宗之道。

荣西开始广泛移植茶树，扩大种植面积。他将从宋携回的茶种，种植于九州筑前背振山及博多圣福寺，那里的自然条件十分有利于茶的生长，所产茶的味道纯正。日本平户市木引街富春庵旁立有“荣西禅师遗迹之茶园”，京都拇尾高山寺立有“日本最古之茶园”碑，可见茶树在日本落地生根的历史。

荣西禅师将宋朝寺院的茶风引进日本，首度于镰仓寿福寺、博多圣福寺、京都建仁寺等寺院设立每日修行中吃茶的风习。

荣西受邀请为将军源实朝做加持祈祷。将军在前一天宴会上喝多了，以至第二天还处于醉酒的状态。荣西把茶作为良药让将军喝下，茶里含的咖啡因效果显著，将军马上醒了。然后，荣西向将军献上了自己所著的《吃茶养生记》。

荣西使用的是宋代的饮茶法。采摘茶的嫩芽后立即蒸，干燥后的茶叶用小石磨制成粉末，便是“抹茶”。将抹茶放入较大的茶碗中，注入开水后搅拌饮用。日本这种“茶水交融”的饮法，明显带有宋代点茶法的影子。所以，日本的茶道里也没有茶漏一类的道具。

饮茶是一件奢侈的事情。当时的茶叶产量很低，来之不易的茶叶，一定要最大化地利用起来，因此，不仅要喝茶，还要吃茶。这是中国传统的“惜物精神”，视茶为珍宝。茶又风靡了僧界、贵族、武士阶级而及于平民。此后茶园不断扩充，名产地不断增加。日本吃茶风气由此兴盛起来，荣西亦被尊为“日本茶祖”。

将饮茶与修禅结合起来，了悟茶禅一味，表面上看是就茶养生，实际上是以茶养心，心性无碍，最终到达“吃茶去”的悟道境界。

茶，由商人传入西方，成为“午后茶”；由僧人传入日本，成为禅茶，发展为茶道。

进入圣福寺，寺内绿树成荫而宁静。域内还有较小的节信院、护圣院、幻住庵、广福庵、瑞应庵、圆觉寺、西光寺等塔头寺院，大部分小院的门都是敞开的，精致的枯山水庭院，幽深的路径，青苔，还有斑驳的碑石，都透露着历史的痕迹。山门前葫芦形的无染池，山门后是大雄宝殿，正殿呈一直线，遵守宋式的中轴对称布局，开创了日本禅宗建筑类型的先河，寺院至今仍保存完好，在周边绿色的古木和青苔古道的包围中。

圣福寺开创800多年来，大为兴盛。目前的住持是第133代。据说寺内的用地一部分成了寺中町，出租给312名租屋人。博多地名都是来自当时的寺中町，至今留有普质堂、中小路、鱼町、莲池、西门等。

在圣福寺境内和门前是中国商人埋藏财富的地方，江户时代这里数次发现古代文物。在山门与大雄宝殿之间的空地里，发现过许多宋代越窑的陶瓷，在瑞应庵出土的包括有元朝的银铤在内的一批器物。在圣福寺境内外围还出土过陶器、漆器等。元朝禁止在海外贸易中用铜钱，这里发现的银铤是福建铸造的，由元朝商人带来日本，并作为大规模贸易的支付手段。

佛僧云集的博多，寺庙、港湾遍植松树，旧时代的“千代之松原”的松林美景，曾给当年在九州大学医学部留学的郭沫若留下了深刻的印象。

博多湾滋润了博多之地，这片土地有着漫长的历史。

日本最早传入水稻种植的，是博多；最早和中国大陆、朝鲜半岛交往的，是博多；日本先于横滨、神户、长崎的，最早的中华街在博多；古代的日本百姓最富裕的地方之一，还是博多。

博多的历史就是博多湾港通天下的历史。

博多港开放而繁盛，锁国而消沉。来港的唐人，从事时尚的贸易，聚集而居，地名尚在。现在福冈市西区有一个地方叫唐人町，又叫大唐街，是海外最早的唐人街，都是当年的热闹风景地。

博多湾养育了博多的人，博多人倾注了赤诚之心，把传统祭典“栉田神社博多祇园山笠”和“博多咚打鼓节”办得华丽绚烂、雄壮豪爽。

传统的博多港祭咚打鼓节起源于约有800年历史的“博多松舞”。在每年的5月3日、4日，人们或盛装游行1200多米，或在各广场舞蹈。发展至今已成为九州岛及福冈地区最有人气的5月传统庆典，人们打大鼓游行于博多街道上，为港口兴旺而自豪鼓舞。

大圓鏡智

史迹圣福寺

荣西禅师模仿宋式禅院的建筑技艺，在博多修建了圣福寺，这是日本第一座禅宗寺院。

圣福寺钟楼。

兴禅护国

荣西禅师将宋朝寺院的茶风引进日本，首度于镰仓寿福寺、博多圣福寺、京都建仁寺等寺院设立每日修行中吃茶的风习。

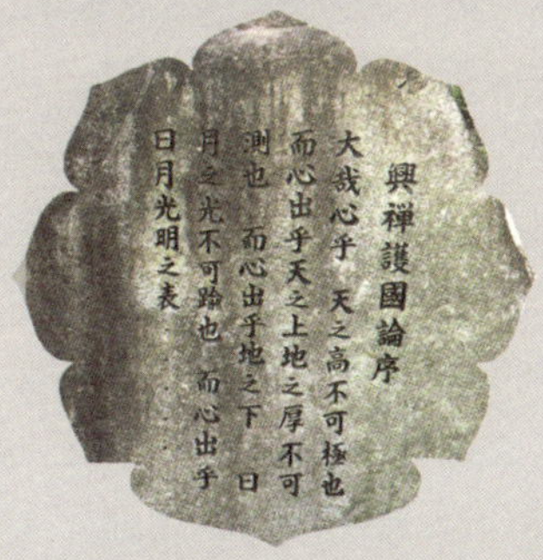

承天禅寺 宋商谢国明捐资兴建

博多的承天禅寺，就是宋商谢国明所建。

博多区博多站前一丁目，保存着谢国明之墓，说明牌上用日、英、中、韩四种语言书写，其中的中文说明是：“谢国明原是宋的贸易商人，13 世纪在博多建立了贸易基地。相传，他利用通过贸易积累的大批财富，除了在经济上资助承天寺的建设之外，还立下了救济贫民等赫赫功绩。他去世后，被葬于这块土地上，墓碑旁栽种了一棵高大的楠木，因此被大家尊称为‘大楠先生’，深受人们的爱戴。”

碑文基本上概述了谢国明的一生。他在中日交流的历史舞台上活跃了近 20 年时间，最终留日未归，在日本娶妻生子。谢国明财力雄厚，除了在博多栉田神社附近购买了私宅之外，还拥有小吕岛等地。

南宋进口日本货物中，木材是一项主要商品，当时日本木材在宁波及杭州地区，甚至作为棺材的好料，人们争抢购买。谢国明得知杭州径山寺发生大火灾后，捐赠千张板材相助。

谢国明出资兴建承天寺，邀请从临安府径山归来的圆尔为开山祖师（临济宗）。谢国明的事迹深远地影响着博多地区的人们。以至于传说他为“年越荞面”之祖、“针药”之师。他的画像至今藏于承天寺内。

谢国明去世后，博多人将他葬于承天寺旁，墓上建了一座小型的五轮塔。这棵楠木原本就在五轮塔的旁边，年深日久，居然将小塔给包裹了起来。信奉万物有灵的日本人看到这样的奇景难免感到惊异，于是亲切地将这棵楠木称作“大楠公”。

每年的 8 月 21 日，福冈地区都要为谢国明举行盛大的祭祀活动——“大楠千灯明祭”。到了夜晚，无数纸灯笼摇曳闪烁。当地承天寺的住持率领众僧诵经念文，“福冈荞麦会”组织人手为前来参拜游玩的客人们准备手工荞麦面食用。如此盛大的活动，是为了纪念 800 多年前的一位中国商人。这场“大楠千灯明祭”还有一个名称就叫“谢国明遗德显彰慰灵祭”。

承天寺是博多祇园山笠的发祥地。

据说筹建承天寺那年，博多发生了一场严重的瘟疫，许多人病倒病死。于是圆尔禅师去了当地栉田神社进行祈祷，然后坐上一架施饿鬼棚，由人用棍杠抬着在市区里播洒圣水。后来这项活动演变为博多另一项传统活动——每年 7 月 1 日到 15 日的博多山笠祭。

博多祇园山笠“追山跑道”的起点总守护神栉田神社和终点承天寺都在这一区域里，“追山跑道”的 5 千米并非二起点和终点之间的直线距离，而是走了“之”字。

承天寺也是“馄饨荞麦发祥之地”。

这里竖着好几块碑，有一块是“馄饨荞麦发祥之地”，一块是“御馒头所”，十分有烟火气，原来承天寺是从宋朝传入乌冬面、荞麦面、羊羹、馒头等的制作方法的地方。

中国是面条的起源地。在中国小麦粉的做法，有蒸食的馒头、包子，以及加工成条状的面类。从唐代开始，面条在中国普及开来，人们用擀面杖将面团擀成薄片，折叠几层，然后用刀切。在日本面条普及是宋朝后。馄饨，指乌冬面，在有名的老字号，则经常写成另外两个汉字：馄饨。乌冬面、荞麦面成为日本两大面类。旱地较多的东日本喜欢荞麦面，在西日本因为气候温暖，水田里的稻子收割之后，还可以栽培复种小麦，人们更喜欢乌冬面。

传说某年在博多地区遭受天灾，到了大年三十之夜，许多灾民连年夜饭也吃不上。谢国明并没有囤积居奇，而是招呼承天寺的僧人取出货物中的荞麦面，制作成面条分发给灾民食用。他还鼓励灾民，把除夕凑合过去，开年准会时来运转。

转天大年初一，天清气爽，博多港突然驶入十几条巨型宋人货船，灾民们兴奋地欢呼“千艘来，万艘来”。谢国明赠予的荞麦面被博多人称作“过年荞麦”和“好运荞麦”。日本传统过年时要吃跨年荞麦面，也是源于此传说。

承天寺，还是日本馒头的发祥地。

馒头在中国是没有包馅的，但在日语中意思是包馅的蒸点，从中国传入。日本尚未将馒头与包子进行区分时，人们将包了馅的蒸点也叫作馒头。

承天寺还有一块是博多织的始祖满田弥三右卫门的纪念碑。1241 年，与圣一国师回国的满田弥三把纺织品、麝香、挂面、箔、朱墨的制作方法带回了日本。这些制作方法在博多民间广为流传，其中仅有纺织技术被作为家传，其后不断增加独创的纺织技法，成为“博多织”，这是日本经济产业省指定的日本传统工艺。

“博多人形”、绢织物“博多织”等日本福冈市的传统工艺品深受人们喜爱。“博多人形”就是泥塑，有 300 多年的历史，其优雅的曲线和丰富细致的表情打动人心，在明治时代巴黎等的国际博览会上享有很高评价。现在，博多人形不仅作为贵重礼物赠送给海外来宾，还输出国外，是福冈县指定的无形文化财产。

博多还保留了许多传统工艺品，如具有 700 多年历史的博多剪刀，它们大多都有这样的从中国传来的背景。源远流长的中日两国的交流历史，这些就是明证。

JR 博多站，是电影院、屋顶庭院、文化设施齐全的复合型商业设施。从 JR 博多站步行约 10 分钟，即可到达繁盛一时，具有历史风情，寺庙神社林立的区域——博多旧市街（Old Town），这里是中世纪日本最大贸易港口城市“博多”的中心。

山笠发祥之地

承天寺是『山笠发祥之地』，每年7月举行博多祇园山笠节时，承天寺前会清道，山笠绕行一周以示供奉。

枯山水

●承天寺方丈室前有一片枯山水庭园『洗涛庭』，以白砂石铺就成大海，以大石头寓意高山。

●承天寺也是『馄饨荞麦发祥之地』。这里竖着好几块碑，有一块是『馄饨荞麦发祥之地』，一块是『御馒头所』。

大楠先生谢国明

谢国明墓碑旁栽种了一棵高大的楠木，因此他被大家尊称为『大楠先生』。

栉田神社博多祇园山笠祭主场

当梅雨季节的雨下够，老天爷破涕为笑时，福冈的博多进入了“追山”的倒计时。“追山”是在叫作“栉田神社博多祇园山笠”的传统祭典的最后一天，8座各重达1吨的“山笠”，分别由30个矫健的九州男儿抬着，在黎明的博多疾走5公里的活动。

博多祇园山笠节是日本三大重要的民间节日之一，平时忙于工作的日本人都趁此机会，尽情与家人朋友共享佳节之乐。

祇园山笠节起源于700多年前的博多，当时发生了一场严重的瘟疫，许多人病倒病死。于是承天寺的高僧圆尔禅师去了当地的栉田神社进行祈祷，然后坐上一架施饿鬼棚，由人用棍杠抬着在市区里播洒圣水，制止住瘟疫。从此每到7月，人们都会在神庙里播洒清水，一为纪念死去的亲人，二为祈求不再有瘟疫。渐渐地，祭祀活动演变成为节日。

“山笠”一般简称“山”，是绚丽夺目的山车。“栉田神社博多祇园山笠”简称“山笠祭”，1979年被指定为日本国家重要无形民俗文物，在2016年11月30日，联合国教科文组织决定登记为非物质文化遗产。每年都吸引很多外来游客，日本全国会有350万人前来观看。加入跑山笠队伍的当地百姓人数众多，场面非常壮观。

博多从7月10日起，山笠祭的气氛越来越浓。

在JR博多站西口前的广场上，越来越多的游客坐在长椅上或站在其后，仔细地端详着山笠。山笠的周围用桌子围起了半圈，工作人员在颁发关于山笠祭安排的宣传资料，广播里反复播放着这座山笠的标题的故事。从日本各地、世界各国专程前来观看山笠祭的人增加了，山笠祭的高潮临近了。

博多山笠共有8支抬山队伍，分成7个传统的流派和1个新入流派。

每支队伍都有2000余名队员。山笠分为陈列用的“饰山”和抬着走的“抬山”。

“饰山”足有10米多高。从前，人们抬着那么高的装饰丰富的“饰山”行走，市内拉起了电线之后，便产生了高度只有三分之一的“抬山”。

一番至七番为“抬山”，以“流”为单位参加。

凡是山笠，都有标题，以表达山笠上装饰着什么。比如“牛若丸飞燕之誉”“辨庆五条桥之勋”等。“饰山”公开展示时，附近有一块牌子讲述这一标题所包含的故事。每座山笠都有不同的故事，大多是日本历史上可歌可泣的动人故事。

在博多的街道，原先只看到山笠静止地陈列在各处，从7月10日这一天起，山笠动起来了，或在清晨，或在傍晚，男人们抬着它们在规定的路线内穿街走巷。着正装的工薪族和穿“法被”的山笠人交错往来，街景别具一格。

山笠祭的参与者有专门的服装：“法被”。在各个展示的山笠周围，都有穿较长的“法被”和过膝的裤子、脚蹬竹皮屐或木屐的人在警卫，这是正式场合的装束。当抬着山笠行走时，穿短衣，系兜裆布，配名叫“地下足袋”的高帮黑色胶底布袜。

在古时屏风上的画中，抬着山笠行走的人上身赤裸，下身仅有一块兜裆布，脚下是草鞋或赤足。这样的装束在1898年受到“半裸野蛮”的批判，后来各町分别制作了独自的“法被”穿在身上。“法被”的种类有40多种，衣襟上有“东流”等的字样，以区别于其他流。同一流内还因町而图案不同。在博多行走，可以看到刻着旧町名的石碑。有的旧町名现在不使用了，但在山笠人的服装上依然传承了下来。

“地下足袋”也被译成“日本的丫巴鞋”。“足袋”是大脚趾和其余四趾分开的日本式布袜的称呼，穿上“足袋”后再穿木屐。穿上“足袋”后踏在地上，就叫“地下足袋”。

世界性的轮胎生产商普利司通的创业者石桥正二郎氏（1889 ~ 1976年），于20世纪20年代初，在福冈县内的久留米市从事家业布袜制造时，发明了这种“地下足袋”，瞬间在煤矿、旧陆军以及各个行业得到了普及。“地下足袋”为黑色或棕色胶底。据说，现在有一种鞋底放入泡沫材料的“气垫”，穿着奔跑的感觉接近于运动鞋的，很受欢迎。

6月初，各流的当值町先把6根圆木棒搬运到栉田神社的浜宫，举行一个消厄除灾的祭神仪式，用海水把木棒洗净，再把这6根木棒固定在组装起来的山笠台上。山笠不用钉子，而用栓、楔。在“山木匠”的指挥下，年轻人流着汗，用一根短木棒作为杠杆，把系的麻绳勒紧。

与此同时，专业的博多人形师用劈开的竹子做骨架，糊上和纸，着色，给人形穿上博多产的丝织品“博多织”和用金线织花的锦缎缝制的和服。头和手是把和纸、锯屑等凝固，另外做的。现在还增加了木雕、尿烷雕刻等。众人合力在人形师的指挥下安装。

“追山”的日子终于到来了。

7 月 15 日，8 座参加“追山”活动的山笠，从凌晨 1 点半左右就按顺序排列在栉田神社前的名叫“土居通”的路上，抬山人按流集合，参拜神社之后，神情严肃地等待开始。

在座无虚席的看台席和簇拥在沿路的观众的等待中，4 点 59 分，鼓声大作，宣告开始。与此同时，一番山笠的中洲流，大吼着“呀——”，奋力涌入栉田神社。看台席和周围的沿路响起了助威声和拍手声。“抬山”快速绕过神社院内的清道旗后停下，抬山人摘下缠在头上的手巾，面向正面排成整齐的一列，高唱《博多祝歌》。随后，离开神社，朝着须崎町的终点（转折点），在约 5 公里长的“追山跑道”上飞跑起来。二番山笠在 6 分钟后抬行；三番山笠以后隔 5 分钟开始抬行。

第二面清道旗竖立在东长寺前。持续了 1000 多年的“神佛习合”，东长寺一直统治着栉田神社。

第三面清道旗用土俵支撑着竖在承天寺前。承天寺和博多祇园山笠的发祥有很深的渊源。作为当天的主角，承天寺的住持正端坐在寺前，等候山笠人的问候以及对山笠进行检阅，在他的脚下，有块“山笠发祥之地”的石碑，说明了住持在这一祭典中的地位。

完成了“入栉田”后的“抬山”，众人奔跑着经过国体道路，跑过黎明的博多街道，绕过东长寺前的清道。每座山笠的前后的台上，都坐着多人在指挥。他们踩着“哦伊萨”的节拍，约 30 人换着抬。当过了最后的拐角，看到承天寺前的那面旗后，“哦伊萨”的喊声越发响亮，队伍猛然加速，发起了冲刺。人们抬着重达 1 吨的“山”，在 30 分钟内跑完 5 公里的路程。沿途观看者人山人海，不停地向他们泼水，鼓掌加油。

“抬山”到达终点后，他们急速绕过清道旗，继续保持同样的节奏前行。因为相隔 5 分钟出发的后一座“山”已经进入了全力冲刺的状态，而且，在同一条跑道上还要迎面折回一段。

终点旁的店家“石村万盛堂”，从二楼的窗口悬挂出每座山笠跑完全程的时间。

在终点站附近观看的观众，看着每座山笠在跑道上来回通过两次，与抬山人一起为最后的冲刺助威鼓劲，分享他们成功到达终点后的喜悦，以及沉浸在“追山”的高潮中，无限感慨，为能与山笠人共同度过博多一年中最热闹的时光而兴奋，被博多男人的士气而感动。

早上 6 点，日本的古典艺术表演“能”在栉田神社的能舞台上演，起先还热闹非凡的院落内，此时飘起了悠扬的笛声和鼓声，能乐师合着谣曲静静地舞。这是一个重要的仪式：镇狂神。因为如此喧嚣的祭典，使得神焦躁、狂乱，要让神安静下来。为期 15 天的博多祇园山笠，由此落下了帷幕。

栉田神社看台席上的观众散去。“入栉田”的看台席，从凌晨 2 点开始凭票入场。场内的广播播放倒计时，当播到还剩 1 分钟时，全场紧张得鸦雀无声。一番山笠入场后，看台席的观众与抬山人合唱《博多祝歌》，场内融为一体。亲临“入栉田”的现场，置身于热烈的气氛中，体会与抬山人一体化的感觉，是许多人的向往，但是，1800 个席位的看台席票，每年从 6 月 26 日起出售，仅仅 15 分钟便告罄。为此，有人通宵排队买票。

结束活动的抬山人，再次列队，向神禀报活动的顺利结束，感谢神的保佑，这是“抬山人”的结尾仪式。待一圈转下来，回到商店街上川端通的“饰山”，只见已经拆卸得差不多了 。“饰山”除了栉田神社内的九州朝日放送奉纳的保留外，其余的全部拆除，收纳于仓库。

早晨 8 点，博多恢复了往日的景象。观看“追山”的人们此时已经换上正装，赶去上班。九州人就是这么干练爽气，做事不拖泥带水。

关于栉田神社博多祇园山笠的起源，有几种说法，博多祇园山笠振兴会采纳了起源于 1241 年，从中国回国的承天寺的开山祖圣一国师为了封住流行博多的疫病，登上商人们抬的“施饿鬼棚”播洒祈祷水这一说法。至今已有 700 多年的历史。之所以能够很好地传承，是因为日本政府、地方民间组织与当地的民众各司其职，起到了应起的作用。

栉田神社博多祇园山笠作为祭典虽然结束了，但这座城市的许多地方还能看到它的痕迹，比如，地上的“祇园山笠”图案，还有地铁站的电梯建筑物上的 6 根木棒等 。

面向下一次祭典，这里的人们已经开始了摩拳擦掌的准备。

山笠祭

『山笠』就是绚丽夺目的山车。人们抬着装饰丰富的『饰山』行走，加入跑山笠队伍的当地百姓人数众多，场面壮观。

饰山与抬山

- 绘画中人形师指挥安装『饰山』。
- 端坐在终点的承天寺住持。
- 承天寺前表示终点的清道旗。
- 冲向终点的2017年的六番山笠大黑流。

太宰府 日本古代九州首府

位于福冈的太宰府，作为日本的代表性古都之一，14 世纪起 500 年里是日本西部、九州区域内的都城，是统治整个九州的政治、文化中心，九州的首府，显赫一时。这里因为吸收了来自国外的先进文化而流光溢彩，人们可以想象到它往昔的繁华。

太宰府至今仍保留着当时的市政机构遗址，以及寺庙等历史文化古迹。

太宰府被誉为“西都”，是日本朝廷为进行外交、贸易而设立的。仿造百济和唐朝的都城建设而成，为东亚先进文化与日本文化的交汇之处。西都，是当时国际顶尖标准都市。

在盛极一时的唐朝，文化、政治体系等被周边各国大量吸收、借鉴。日本也由遣唐使栗田真人带回了大量唐朝的先进信息，推动了日本国内的改革。由此迎来了历史上最具国际特色的奈良时代。

备受唐朝皇帝礼遇的栗田真人回国后，仿照所见到的唐都长安城，建筑太宰府的宫殿，使太宰府作为“西都”面貌一新，并利用了水城和大野城的原有要塞建筑的基础上，在其中规划了日本国内第二宽度的朱雀大街而名噪一时。与宫城同样的设施几乎一应俱全。

连接世界的“西都”，担负着接待外国使节以及开展贸易的使命，当时太宰府成功地宣扬日本的国家威仪，外国使节和商贾往来频繁。使节、宾客最初入住的是博多海岸的筑紫馆（鸿胪馆），从那里向太宰府进发。

从筑紫馆出发的使节沿着笔直的官道向前，到达水城的西门，沿着太宰府街道的朱雀大道北上，到达客馆并在此滞留，举行外交礼仪，会见仪式，接待筵席。当时客人们享有了日本、唐朝、新罗的最高档的餐具——瓷器和筷子。

从太宰府设立开始新文化源源不断地被引入，并且集聚下来。这里是人才的交流中转区，鉴真、空海、最澄等饱学之士也流连于此，平安时代初期的诗书画俱优的小野篁，曾在太宰府鸿胪馆与唐朝人用汉诗互相唱和，加深了彼此间的友谊。在奈良时代，从唐朝传入了绽放于春季的馥郁芬芳的梅花，成为新鲜时尚的文化物品之一。在《万叶集》中有关于梅花宴的记载。在太宰府赏梅活动广为流传，尤其因为菅原道真格外喜爱梅花，所以飞梅的传说，使梅花常作为太宰府和太宰府天满宫的象征。传说梅花因仰慕菅原道真，在一夜之间从都城飞到太宰府，太宰府天满宫本殿旁侧的树据说就是当时飞来的梅树。此后，梅花和菅原道真的“飞梅”传说，超越时代成为与太宰府结缘颇深的花卉。在今天依然举行向天满宫敬献梅的仪式，而且很多家庭也在庭院中种植梅花。

8 世纪之后，太宰府渐渐没落，成为被贬官员的流放地。

天满宫是太宰府著名的名胜，它最初是为纪念学问之神菅原道真而修建的，原址是菅原道真的墓地。

菅原道真在太宰府面朝朱雀大道的南馆过着自由受限的生活，在其死后，开始享祭于太宰府的天满宫，以及在南馆和天满宫之间享受例行的神幸祭典。

菅元道真生于平安时代（9 世纪），是日本著名的学者和政治家，他出身名门贵族，五岁能吟诗，十岁可以作汉诗，被誉为神童。年轻的菅元道真才华横溢，三十岁取得作为学者的最高荣誉——文章博士荣誉称号，五十五岁晋升至右大臣，相当于中国古代的宰相官职。

菅元道真显赫的政治生涯招来嫉妒，他从京都贬至太宰府因此抑郁成疾，两年后病情加重逝世。之后京都地区频发自然灾害，皇宫也被雷劈，诬陷他的高官被雷劈死。人们都认为这与菅元道真含冤而死有关，于是朝廷恢复了他的名誉，追认他为“天满大自在天神”。所以在日本，供奉他的神社都叫天满宫。天满宫已有 1100 多年的历史了。

福冈县太宰府市，有个占地面积颇大的太宰府天满宫，收藏着菅原道真的大刀、国宝“翰苑”和工艺品、古文书等约 5 万件。据说，菅原道真去世后，牛车载着遗骸前进，行不多久牛伏地不动了。众人猜想是菅原道真的心愿，于是在此葬下了遗骸。从京都追随而来的门第味酒安行于 905 年在此建造了寺庙，还建造了御伸殿。太宰府天满宫从 1872 年起级别不断上升，现在是全国 139 个天满宫的总本宫。

走进太宰府名胜区，首先是经过一条“表参道”，这是一条南北走向的小街，街两旁商品琳琅满目，都是当地有名的特产如梅枝饼、其他甜点、纪念品等，人流很多，非常热闹。摸过御神牛，向西便能看到架在“心字池”上的三座红色小桥，分别代表着人生的“过去”“现在”“将来”。

而此地缘于梅花的糕点——梅枝饼，也是这里最有特色的食品，红豆沙的馅料不会过甜，口感不错，参拜道上几乎家家都卖。关于梅枝饼有一个传说，据说在菅原道真潦倒的时候，有一位叫净明尼的老媪十分同情他，时常带些糯米红豆饼来安慰他。在菅原道真去世的时候，老媪在饼上摆上梅树枝为其送葬。从此，这种饼就被称为“梅枝饼”，传说可以驱除病魔。

太宰府天满宫一年之中会举办各种活动，如鬼术节、莺替节、曲水之宴、神幸式大祭等。来到福冈，一定要到太宰府天满宫走一走，参观一下日式的“孔庙”，体验一下日本的传统文化。

天满宫供奉的是菅原道真公，他在日本被誉为“学问之神”与“书法之神”，受到全日本的尊敬。天满宫还是祈求金榜题名的圣地，许多疼爱孩子的家长和高考在即的高中生都来此求其保佑，每年有多达 700 万人来此参拜祈福。

本殿的建筑形式是典型的日本神社中神宫的建筑，全用原木建成，正面有一突出带弧状坡顶的前廊作为入口，硕大的屋顶由厚厚的一层层草覆盖而成。本殿前庭院很开阔，殿前左右两株古梅，右边开白花的一株名飞梅，左边开红花的一株是皇后梅。树依池水而青，水傍古树而澈，它们相伴而存，见证了太宰府五百年都城的风风雨雨。

太宰府天满宫旁，依山而建的九州国立博物馆是一座神圣又平易近人的文化殿堂，它是日本的第四所国立博物馆，开馆于 2005 年 10 月 16

日，规模属国立博物馆之最大，曲线形屋顶象征着起伏的山脉，再加上由双层结构玻璃构成的外壁，巨大建筑物的外观格外引人注目。

九州国立博物馆是历史博物馆。因九州和亚洲各地的密切关系，在博物馆的四楼“文化交流展示室”为常设展，陈列着九州这块自古以来频繁与亚洲各地交流的土地上所留下的文物展览，主题为“海之道、亚洲之路”，展示室里所展示的文物包罗万象，涵盖日本、韩国、中国等亚洲的佛教文物、陶器、书画等艺术品。在这个 3900 平方米大的面积中，又分为 12 个展示区，展出日本与亚洲各地文化交流的历史见证文物，以时间顺序陈列，还有部分物件可以直接触摸，写着“拿起来好好看看”，有真丝、黄丝、木棉。

太宰府

太宰府是日本朝廷为进行外交、贸易而设立的，仿照百济和唐朝的都城建设而成。

神宫

殿前的皇后梅、千年樟树，以及虔诚的祈求金榜题名心愿牌，彰显天满宫的灵气。

福冈城 宜居福地

福冈的名字很吉利，因为，福冈之地和道教用语中指仙界的“福地”一样，道教有 72 福地之说，是神仙居住之处，幸福安乐之地。

福冈是九州最大的都市，三面环海，今天的福冈市是由福冈城和博多两个城市合并而成。以流经城市中心的那珂川为界，以东是博多，以西的地区叫福冈城下町，福冈和商都博多一同作为经济、产业的中心而发展。河上架着连接福冈和博多的桥，名字叫“福博相遇桥”。

聚集了财富的博多，成为战国武将们的争夺之地。

黑田长政（1568 ~ 1622 年）因为九州征伐的功绩而成为中津的大名，在关原之战中立下战功，得到了筑前国的大封。入府筑前之初的居城名岛城（位于今天的福冈市东区），黑田长政嫌名岛城太小，另花 6 年时间在福崎重筑新城，并把筑城地的名字改为自己出生地的备前国福冈庄的“福冈”。

以后，黑田长政成为福冈藩的第一代藩主，福冈作为城下町——以诸侯的居城为中心发展起来的城镇而发展。从 1633 年至 1639 年，幕府连发 5 次锁国令，全日本只允许长崎一地开展对外贸易，博多的窗口作用失去。幕府的锁国长达 200 多年。博多的商人们离开博多去了长崎谋生。

博多湾海滨的沙形成沙砾层，海岸线向大海推进，城市的面积不断扩大，福冈部的建设快速发展。

福冈先是平分秋色来了。1876 年，福冈和博多统合，称为福博。

博多港 1889 年受到开港的指定，再次向世界打开了海的窗口。以后，1951 年被指定为重要港湾，1990 年被指定为特别重要港湾、2011 年被指定为日本海侧据点港湾，作为贸易港发展至今。博多港的渔港交易额屡创新高，是海产荟萃的港口。游船停靠数量也在日本屈指可数。

后来，因新干线开业等，博多站的知名度提高。在西面，建了与之抗衡的另一个站——天神站。中洲至天神一带成为福冈市的中心。

中洲以那珂川和博多川、药院新川之间形成的中洲为町名，长约1000千米，宽约200米。当年，为把武士的城市福冈和商人的城市博多连接起来，人们把土砂填入那珂川，架起了桥梁。到18世纪中叶为止，这里是农田。从19世纪60年代开始，进行歌舞伎和相扑表演。从20世纪初起，流行酒吧。以后，博多的欢乐街，餐饮店、酒吧约有2600多家，每到夜晚，人来人往，热闹非凡。据说秋天还举办爵士音乐会、中洲节等。

过了那珂川便是天神。据说，这一地名与菅原道真有关。由于他死后经常发生自然界的剧烈变化，日本人相信这是神罚，灵魂逐渐神格化。醍醐天皇缅怀菅原道真生前对朝廷的忠诚，923年恢复了其原来右大臣的官职，赠正二位。朝廷为了镇菅原道真的怨灵，在他喜爱的京都市上京区建了北野天满宫。987年，一条天皇赠菅原道真“北野天满宫天神”的称号。993年，追赠正一位左大臣，又追赠太政大臣。目前，福冈的太宰府天满宫、京都市的北野天满宫、大阪市北区的大阪天满宫被称为日本的三大天神。

地铁空港线“天神站”、西铁天神大牟田线“福冈（天神）站”、西铁巴士等均可抵达天神。这里以市政府为中心，金融机构以及各大企业的分公司汇集于此，是福冈市以及整个九州地区的经济政治中心，而且还是购物天堂。全长590米的地下街共有150多家店铺，商品琳琅满目，你能切实地感受到这个城市的活力。

从福冈市博物馆再往北步行一些，是高234米，由8000片半反射镜覆盖的日本最高的海滨塔——福冈塔。从塔上123米高的展望室俯瞰，景色无与伦比优美。

最新数据表明，日本的总人口在减少。全国790个市中，人口70万以上政令指定城市有20个，福冈市在政令指定城市中是人口增长量最多的城市。福冈还是日本全国排名第一的宜居城市。

2014年5月，福冈市被日本政府指定为国际创业、创造就业特区，正以亚洲的领军城市为目标，充分活用特区制度，不断挑战自我。

游福冈，比游日本的其他城市都方便。福冈距上海仅有客机飞行90分钟的距离。下了飞机，有免费的机场接驳车从国际线航站楼接到国内线航站楼，运行时间为 10 ~ 15 分钟。之后，乘坐地铁，到博多站只需 5 分钟，到福冈市的中心天神站只需 10 分钟。福冈机场是日本少有的位于市区的机场，与福冈市营地铁直通。

博多湾上已经不见了十里松原。进入明治时代，随着东公园的开园，路面电车和铁路、道路的建设，九州大学医学部和附属医院的设置，填海，县厅建筑物的移设等的都市化、宅地化，松树被接连砍伐，以及废气的排放等，使得十里松林逐渐枯萎。但在大濠公园，还能看到松林。

位于福冈城西的大濠公园，围绕福冈城的护城河修建而成，造型仿杭州西湖，园内设置有日本庭园、能乐堂、福冈市美术馆、餐厅等设施。它是日本仅有的几个水上公园之一，拥有一个周长约 2 千米的池塘，园内又以一座桥连接 4 个绿意盎然的小岛屿。

倘若时间宽裕，可以乘坐市营渡船去因发现金印而闻名的志贺岛看一看，金印公园的入口，有“汉委奴国王金印发光之处”的纪念碑。园内有以志贺岛为中心的古代的地图、郭沫若的诗碑等。

倘若来自内陆，可以到国营海中之道海滨公园看一看，那里的海洋世界展示着 2 万个海洋生物。倘若时间紧迫，那么，跟着敞篷的 2 层观光巴士，通过“海滨地区线”“博多街内线”“福冈夜景线”3 条线路，分别用约 1 小时，也能饱览福冈的街景。

最想在福冈吃的美食：

NO.1 博多拉面

博多拉面，在日本几乎尽人皆知，是福冈美食的代名词，是日式拉面的一大重要支系，它的特征是乳白色的浓厚猪骨汤底和弹度十足的细面。在拉面上摆放切得极细的葱丝和猪肉薄片，还可以随自己的喜好加入红辣椒、芝麻。因为原料的面很细，很多人喜欢煮烫时间较短的“硬面”。吃完之后还可以在汤面中再加入面条（替玉）。

日本人喜欢拉面，从博多拉面豚骨汤开始，演变出多样的各地特色的拉面。博多拉面、札幌拉面与喜多方拉面并列为日本三大拉面。

拉面的正确吃法，第一步当然是喝汤。因为在日系拉面中汤是灵魂。也正是汤底汤料的不同，成就了不同特色的拉面。

一碗博多拉面，必不可少的是猪骨汤，表面浮着油，汤汁和极细面相得益彰。

如何享受汤的味道？可以根据个人的口味用佐料。很多店在桌子上放着辣子高菜、红生姜、芝麻等，想让客人就佐料品味之后，享受汤的味道变化。辛子高菜是博多拉面配菜的灵魂，是福冈本地的特产之一，将腌过的高菜细细剁碎后，用芝麻和辣椒碎翻炒，加入调味油就成了这具备了辣、咸、香口味的小菜。加在面中可以极大地丰富面汤的味道。最初放入红生姜是由于其颜色喜庆，但随着骨汤越来越浓厚，红生姜可以起到解腻的作用。烤熟的白芝麻磨碎后撒在面上，满满的香气。还有在汤中无添加酱油的基础上加入干贝、干鲍鱼，就是味道醇厚的玄流拉面。

博多拉面始于昭和 21 年（1946 年）创业的“红门帘”大排档推出的猪骨拉面，昭和 40 年（1965 年）左右开始在福冈的大排档推出拉面。近来各种各样的店都在竞争，可以选择面条的硬度和粗细，可以有加面服务，这些都是博多拉面的服务特征之一。

NO.2 福冈两大名产火锅

火锅在日本很盛行，日本超市还有用铝箔纸做成的，里面装着食材和汤头的一人份量的小火锅，也很好销路。多数日本家庭到了冬天，每周都会吃一次火锅料理。

在中国“涮”字是指把食材放到滚水里烫一烫，使其快速熟透的意思。南方有鱼片，北方有羊肉。中国“涮羊肉”到了日本成为“涮牛肉”，发展到后来的成吉思汗锅，火锅入乡随俗，汤底和蘸料都改变了形态，成为日本的新料理新宠。

福冈火锅带有中国和荷兰的影响。汤底以中国的鸡汤为灵感而设计清澈的鲜味鸡汤，火锅涮物内容也丰富多彩，有河豚，熊本的马肉，鹿儿岛的黑毛猪和牛，小肠、大肥肠，各类蔬菜；蘸料如酸橘醋酱油搭配红叶泥，就是加入了经过一年发酵的萝卜干榨出的汁液，和将辣椒去籽后插入萝卜内磨成泥，磨好的萝卜泥会呈现枫叶般的红色，这就是红叶泥。

九州吃“河豚锅”时用蘸的酸橘醋，据说来自荷兰语，经柑橘类水果榨出的汁液称为“PONE”，在有机会接触荷兰人的长崎一带率先流行起来。

肥肠锅

牛的小肠和大肠等内脏统称为“MOTSU”，热量低，营养价值高，是很健康的食品。在福冈，用鲣鱼和海带炖煮的汤汁里加上酱油、酱料来调味，飘着大蒜味道的汤里放入“MOTSU”、韭菜、包心菜，再加鹰爪（辣椒）来煮透。一次品尝过后就会迷上那种美味。许多店铺都在相互竞争谁做的味道好。

鸡汤烩锅（水煮）

这道菜从长崎传至福冈，进一步变成现在福冈的名菜。作为福冈代表性的乡土料理，已有百余年历史。将带骨鸡肉慢慢烹煮到汤色浓郁，鸡肉的美味都融入汤中，调味清淡，直接盛汤喝上一碗，非常美味。福冈人吃这种火锅都有自己的套路，通常会在一开始就放入福冈特产的细葱、红葱等做佐料，少许放点儿盐，先尝一下鲜汤，然后放入鸡肉、白菜、蓬蒿等，边煮边吃，最后放入米饭做成杂煮粥，还有放进饺子、饺子皮的，回味无穷。

当地人一般会用佐贺县产的有田鸡，炖 7 小时多的汤，火锅食材多为九州各地名菜，不管是白天还是晚上，一个人也可以点餐。

NO.3 屋台

约有 100 家“屋台”遍布在福冈各处，一到晚上便会挂起彩色门帘。拉面自不必说，关东煮、饺子、烤鸡肉串和天妇罗等原创菜单丰富多样，可尽情品尝享用，在“屋台”感受一下博多人的热情，您也会变成“博多通”。

日式小吃摊屋台是福冈之夜的乐趣。

众所周知福冈是大排档王国。穿过屋台门帘，平易近人的店主会热情地迎接你。天气不好和定休日的时候，很多露天摊位会临时停业，所以要事先确认一下，要选择好的摊位。附近大概有个公共厕所，进店前要上厕所，最好事先解决一下。屋台的空间很小，即使满座也不要放弃，因为把座位挤挤就可以挪个空，所以试着打个招呼吧。

屋台名物“烧拉面”。昭和 43 年（1968 年），有人发明了福冈的路边摊美食烧拉面，是人气小吃。

地铁天神站和西铁福冈（天神）站的入口附近有很多摊位。以年轻人和游客为首，气氛轻松，还有大篷车外卖。

| 博多人偶 |

博多人偶是有 600 年历史的福冈传统工艺品，自古作为室内的装饰品和馈赠礼品，颇具人气。1900 年，博多人偶出展巴黎世博会，其极高的艺术性受到海外的广泛好评，确立了其日本人偶的代表地位。

博多人偶的制作都由一个技师手工完成，是高度反映技师水平和意志的工艺品。其中，被称为博多人偶的灵魂的是第五步画面相的工程，要用颜料和笔手工画出人物不同的表情，精细优美。博多人偶是日本国政府经济产业大臣指定的传统工艺品。

博多人偶的制作过程：

第一步：原型制作。人偶师拟定构思，根据绘制的图案制作原型。黏土上雕刻出人头、躯干、手脚。

第二步：制模。原型以石膏制模，人偶的姿态越复杂，则越需要分开进行数次制模。

第三步：制作人偶。从原型取得的石膏制模上，把黏土用手指压入，制成与原型一样的人偶。

第四步：彩色。黏土素烧后，用颜料上肤色、画衣着、腰带等。

第五步：面相。用专用细笔对人偶的脸部进行上妆，如涂口红、画眼睛眉毛等，使其附有生命感。

福冈城

约有100家屋台遍布在福冈各处，一到晚上便会挂起彩色门帘。拉面自不必说，关东煮、饺子、烤鸡肉串和天妇罗等原创菜单丰富多样，可尽情品尝享用。

福冈塔和大濠公园

● 福冈塔是福冈市的标志性建筑，1989 年为庆祝建市 100 周年及召开亚太博览会而建。

● 大濠公园仿杭州西湖而建，湖中有岛，以桥连岛，是日本仅有的几个水上公园之一。

门司港 大正时代的小资浪漫

门司港不大，一二十栋著名建筑群那样的地方，步行也很快就能逛完。这里是九州岛连接日本本州岛乃至欧洲、中国大陆的重要通道，早在日本明治 22 年 (1889 年) 就设置开港。成为国际港后，门司港便迎来了它的繁荣时期，这里集中的日本大正（1912 ~ 1926 年）时代的欧式建筑、红砖洋房，经过怀旧复古风修复、复原，浪漫让人感同身受：从门司港火车站下车，在豪华的旧大阪商船大楼等候，坐游船出国，从门司港到“东方巴黎”上海，美丽的港口是邂逅时髦妇人故事的发生地。

比起不久之后的黑色战争时代，大正是个自由并充满活力的五彩缤纷的时代，也是女性显著跨入社会的时代。妇人们看完歌剧回家弹钢琴，听留声机里的西洋音乐，这是个小资的时代。

门司港海陆交通发达，有火车站、港口，对多数日本人来说，中国是个可望可即的地方，许多日本人渡海来到上海时，每每赞叹外滩一带洋楼的壮伟。

门司港是日本大正时期都市建设的梦想，日本设计师追赶欧风美雨、实现欧洲建筑风格的试验地，媲美同时代的北海道小樽，鲜艳的橘红色砖墙映衬着阳光的温暖，营造着浪漫的异国情调。

| 门司港车站 |

以门司港车站为中心，延伸出一条怀旧街区。

火车是现代日本最重要的符号，它代表了科技文明，象征时代的进步。直到今天，像新干线这样的铁路建设，仍然是全日本人民的骄傲。从英国的伊丽莎白女王到中国的邓小平，每个造访日本的外国要人，都被邀请搭乘新干线。铁路的历史，是日本的一页光荣历史。

门司港地区是九州铁道的起始，最早于1891年开始启用。大正3年（1914年）修建的“门司港駅（站）”，是九州最古老的火车站，距今已是超越百年的历史。在日本，明治大正时代的一等车站，如今仅剩下门司港站和东京站两座。经过改建的门司港站，重现了百年前的英姿。

门司港车站是典型的欧洲新文艺复兴时期的木造建筑结构，典雅而浪漫，左右对称，被指定为日本国家重要文化遗产。

在门司港站二层营业的高级西餐厅“帝食堂”，迎合现代人的口味，这里的料理多以套餐形式提供，食客们可以一边享受悠闲的门司港时光，一边品味上乘的西式料理。曾经的贵宾室如今也对外开放了，如果房间没有被帝食堂的食客预订，就可以供人们参观。

从门司港站徒步5分钟就可以到达明治时期建造的旧九州铁道总部赤炼瓦大楼，如今被改造成了铁道纪念馆。馆外，经典列车的老式车厢排排停靠。钻进车厢，陈设着许多旧时的珍贵物件与资料、老车票、旧便当盒，甚至还有列车员的制服和铁道的模型，让人们了解铁道的百年变迁。

| 门司港海运 |

门司港在大正时代，不仅是中日贸易的窗口，也是中日交流的重要据点。

从九州门司港到上海，下关到大连等海上航线的开通，使日本往来中国的行程大为缩短，这都为日本人到中国旅行提供了便利。

从1902年开始，日本就在朝鲜半岛铺设京釜铁路等路线，日本将铁路从朝鲜修到中国东北的奉天（今沈阳），获得了通往欧亚大陆的跳板。在中国，日本政府支配下的“南满铁道株式会社”在东北地区大规模进行铁路建设，从沈阳可以直达北京。

海路和水运方面，中日甲午战争之后，日本通过签订《马关条约》获得了深入中国内陆经商的权利，日本船运公司介入到长江、湘江流域的水运经营中，经过近二十年的苦心经营，日本船运航线深入到内陆腹地。这都为日本人进入中国内陆提供了便利。

在此背景下，日本的旅游行业看到了商机，推出多种前往中国旅行的特色线路。创业于1905年的日本旅行社于1918年开始促销“周游券”，日本国民只要申请护照交足旅费，都可以通过旅行代理机构到中国大陆旅游。最先踊跃响应的就是大正文坛的名作家，如芥川龙之介等新潮作家、诗人和画家，他们先后踏上前往中国的旅途，寻找创作的题材和灵感，并形成一股潮流。

明治维新之后，甲午战争、日俄战争、第一次世界大战，日本皆是战胜国，并以战胜国获得了中国的巨额赔款，割取了台湾，以及俄国在中国东北南部大连等地区的种种特权。尤其是日俄战争胜利后，日本得到了西方列强的认可。从上到下，整个日本都透露出生机和活力，理想主义和个人主义在大正时期都被放大。大正时代的15年，是日本社会一个重要的转型期，就人们的生活样态而言，日本越来越接近西洋的文明社会了，并走向快速发展的巅峰。日本把海外在华投资作为国策，第一次世界大战后，第一轮持续十数年的日本人中国投资热潮，带来了门司港与上海、大连海运的兴旺，上海杨浦江岸有专门的日本大阪商船码头。

旧大阪商船大楼，有红色的外墙以及八角塔顶，当年作为开往大陆航线的候车室使用而建造。具有独特风格的八角形塔顶，还曾作为灯塔使用。现在的旧大阪商船大楼的一层是多功能厅，二层是展示船舶模型、航海图等与海洋有关的资料馆。

当年中国台湾出产的香蕉经门司港输入日本，品质好的就送去东京大阪，已成熟甚至开始发黑的就留在门司港。为了让成熟的香蕉能早日售罄，特卖会上会有特别表演的“香蕉叫卖会”，现已成为门司港的传统技艺，每逢周末、活动或祭典时才能看到这表演。而海峡广场一黄一黑的香蕉人则重新演绎香蕉这个角色。

两层的红砖建筑是旧门司港关税局，是门司港地区的地标性景点；对面可以见到一座矗立于绿色草坪中央的尖塔式建筑，是建于1912年的海关大楼，它见证了门司港的兴衰史，有着时代的象征意义。

两层尖顶半木造的小楼，是建于大正10年（1921年）的三井俱乐部，原先作为三井商社接待贵宾并安排住宿的地方，其建筑特色是外露着房梁和柱子。这栋小建筑是因爱因斯坦夫妇访问日本时曾下榻于此而名声大噪。

在门司港码头，可以乘坐每隔 20 分钟发一班的关门联络船，眺望着关门大桥过海，航行 5 分钟，对岸就是下关的唐户市场，每天都有刚捕捞上来的鱼贝类、河豚等各种新鲜食材在这里售卖，市场有河豚握寿司、鲸鱼料理，可以低价享受在这一带海域里捕获的海鲜。

唐户市场平日每天凌晨两三点进行渔夫们和海鲜商家的拍卖交易，每周一至周六早上 5 点至下午 3 点对外开放，星期日及假日是上午 9 点至下午 3 点开放。周末假日来会很热闹，很多海鲜摊位会做握寿司、海鲜丼。唐户市场代表性的食物是河豚。在这里可以用非常便宜的价钱来品尝鲜美的河豚。专门售卖河豚的摊位，有处理好已经去皮的河豚和刺身拼盘。如果是平日来，市场二楼有便宜又好吃的海鲜食堂。

烧咖喱饭

来到门司港，一定要吃烧咖喱饭。咖喱饭上面放芝士和鸡蛋等，再用烤箱烤。门司港有30家以上的烧咖喱饭店！

门司港怀旧

1889年，门司港开港以后带来了繁荣，很多海运公司和商社等在此建设了许多西洋式建筑物。日本邮船公司、三井俱乐部、海关等建筑均为明治大正时代所建。

河豚料理店

唐户市场代表性的食物是河豚。在这里可以用非常便宜的价钱来品尝鲜美的河豚，可不要错过河豚握寿司。

门司港车站

以门司港车站为中心，延伸出一条怀旧街区。车站是典型的欧洲新文艺复兴时期的木造建筑结构，典雅浪漫。

三井俱乐部

原是作为三井商社接待贵宾并安排住宿的地方，因爱因斯坦夫妇访问日本时曾下榻于此而名声大噪。老建筑里还收藏着当时的保险柜、徽章等。

Chapter2

长崎

对外开放门户

九州长崎是继博多港之后，日本锁国时代对中国和荷兰贸易的唯一港口。设有专供中国商人居住的社区“唐人屋敷”，是日本华侨的发祥地。长崎建立了日本最早的天主教堂传播基督教，荷兰人被允许在长崎贸易，从欧洲舶来的知识被称为“兰学”，开创了日本近代向西方学习的先河。

天主教堂
长崎人的信仰中心

长崎县一带，无论繁华的城市还是朴素的乡村，都有天主教堂。长崎人信仰天主教由来已久，并且蔚然成风。早在 16 世纪中叶，捷足先登的葡萄牙船就把西方的贸易和宗教信仰带到了这里。

1543 年 8 月 25 日，一艘驶往宁波的商船因风暴漂流到了九州地区鹿儿岛县的种子岛，船上的葡萄牙人出售给岛主洋枪，从此开始了在九州的贸易。接着，葡萄牙人方济各 · 沙勿略抵达萨摩藩传教。沙勿略携礼品拜访了萨摩领主岛津贵久，得到了居所并允许传教，不久便在当地建造了日本历史上第一座教堂。

1550 年，平户一艘葡萄牙船进港，这是长崎县内最早进港的欧洲的贸易船。长崎港开埠。以后，每年都有葡萄牙船来，长崎作为葡萄牙贸易港快速发展。沙勿略期望在日本全国传播天主教，当时正值日本国内动乱结束，所以其布道的目的没有达成，只好把传教据点放在了长崎，成功地在平户、山口、大分等建立了布道的基础。葡萄牙船的停泊和传教活动，使得长崎的天主教徒日益增多，在九州因为祈祷贸易获利，各地的大名（诸侯）为了贸易和信仰，纷纷要求葡萄牙船入港。

在葡萄牙之后，西班牙“圣灵”号帆船在暴风雨中迷失航向，抵达日本清水港，开始了西班牙在日本的贸易。而刚建立的德川幕府却与荷兰、英国建立了往来，打击了西班牙、葡萄牙在日本的力量。

德川幕府强化了从丰臣秀吉开始的禁教政策，下令限制基督教士传教，禁教令发布到全国。

德川政权从1633年起连续发布5次锁国令，外国船只禁止停靠长崎，禁止日本国民出海，海外侨民不准返国，设立宗教检查机构。因海禁政策断绝了传教士入国，1644年最后的神父殉教后，各地天主教徒进入了没有神父，自己秘密坚守并传承信仰的完全的隐修时代。地方领主大名被要求效法德川委派专门检查官员，每年审查基督徒。

长崎县内最早传教的平户，16世纪以后采取了严厉的禁教政策，很多信徒殉教，剩下的信徒也被强行隐修。许多平户地区的隐修基督徒的后代，在禁教政策改变以后，依然继承祖先留下来的独自的信仰习俗；依然珍惜地保护着隐修基督徒的传统。曾经在大村纯忠的领导下基督教文化繁荣的大村藩，也对教徒彻底取缔。隐修基督徒留在了有限的几个监管不到的山区、外海地区。当时，崎津村民约70%是隐修基督徒……

19世纪中叶，幕府改变方针为开国，向欧美五国开放长崎港，形成了外国人居留地。法国天主教神父凯申抵达日本。根据日法修好通商条约，为在日本居住的法国人的需要，他在长崎的南山手居留地建造了大浦天主堂。完成后不久，1865年4月12日，浦上村的几位村民来访神父，他们看到圣母玛利亚的像非常高兴，献上了祷告。其中一位52岁叫伊萨贝里纳（后姓杉本）的女性对神父说：“我们相信基督教。”此事史称“长崎信徒的发现”。当听说他们以口传的教会历（也叫典礼历）为本，过“四旬节”时，神父惊呆了。

闻讯事件的普罗西亚公使和法国领事、葡萄牙公使、美国公使立即抗议长崎奉行违背人道。各国公使把事情的始末告诉本国，反复向日本政府抗议。

江户幕府瓦解，新政府发布的“五榜的揭示”的第三条有“禁止基督教”“中心人物处刑和一般信徒流刑”的内容。在日本政府派出岩仓具视为正使的大型使节团访问欧美时，在访问国受到时任美国总统、英国女王、丹麦国王对于禁教政策的非难，令使节团明白了明治政府对基督教的镇压是修正不平等条约的最大的瓶颈。

日本政府终于撤除了“基督教禁止”的告示牌，释放了信徒。从1587年起信徒遭受迫害，直到1873年废除禁止基督教为止，时隔286

年基督教信仰才在日本得到认可。1889 年日本颁布宪法，保证在不危害和平、不抗拒公民义务的条件下保护宗教信仰自由。天主教徒们经过 250 年的隐修，终于可以公开信仰了。

他们在各自潜伏的集落里建造了作为信仰证明的教堂。矗立在山区和岛的海湾的教堂，静静地证明着从潜伏的时代起，信仰在这些村落得到了保护、继承。

据统计，仅就基督教中的天主教而言（天主教与新教、正教、莫罗门教等同属于基督教），目前长崎县的天主教人口占的比例在日本的都道府县中是最多的。东京大司教区占的比例约 0.5%，而长崎大司教区（长崎县）占的比例约 4.3%。

长崎县以长崎市的大浦天主堂、浦上天主堂为首，天主教堂有 130 座。在平户和五岛，天主教徒占人口的 10% 以上。小的村落，几乎所有的居民都是天主教徒。

在国家的禁教政策下，在没有神父的年代，信徒们装作神道的子民和佛教徒，潜伏着坚持了 250 年信仰，这在世界上也是少有的，西方人无不为之动容。日本把表明这一点的 12 个构成资产作为“长崎和天草地区的潜伏天主教徒相关遗产”，向联合国教科文组织申请 2018 年的世界文化遗产名录。12 项构成资产中，除了“天草的崎津集落”位于熊本县天草市以外，其余的 11 项在长崎县内，其中的 3 项在长崎市内。

长崎市内南山手町的大浦天主堂，申请世界文化遗产的理由在于“发现信徒”，通过传教士和各个隐修基督徒的村落的领导人的接触，形成了新的信仰局面。从 JR 长崎站乘电车 20 分钟（往正觉寺方向的电车，在筑町换乘去石桥方向）到大浦天主堂下车，步行 5 分钟即可抵达大浦天主堂。

天主堂（tenshudou）的称呼法除长崎一带以外，在日本不多见。教堂，日语里一般称为“圣堂（seidou）”“礼拜堂（reihaidou）”“教会 (kyoukai)”“教会堂（kyoukaidou）”。京都北面的乡间有座“洗者聖ヨハネ（senjayohane）”，也是稀有的叫法。据说日本早期建造的天主教堂叫“天主堂”，以后有了多种叫法。同样，早期落成的新教教堂叫“公会”，如“横滨公会”（1872 年）、“弘前公会”（1875 年），以后叫“教会”。

大浦天主堂耸立在高坡上，是献给 26 圣人的，正面朝着殉教之地西坡。1864 年末竣工，是日本最早的哥特式建筑物。通过 1875 年和 1879 年的增改建，平面形式和外观样式都有所改变，外墙也从木结构改成了砖结构，但内部空间的主要部分则保留了建造之初的模样。1933 年成为国宝，1945 年受到原子弹爆炸冲击，1953 年作为日本最古老的现存教堂建筑，再次被指定为国宝。

教堂前左侧的褐色雕刻，是纪念“发现信徒”之碑；右下角是法国神父与来客在交谈。从外表看，建筑物由三角形和多边形构成。登上坡并攀爬 30 多级台阶，进得玄关，虽然离正厅门有一些距离，并且两侧有木柜，但不要求进门脱鞋，保持了西方式。教堂内部高挑、宽敞，天花板和窗都是拱形线条，五彩的玻璃窗经过一个多世纪，依然色彩缤纷，将室内点缀得富丽堂皇。整齐排列的靠背长椅，令场内的人降低了身高，视线不受遮挡。入口中央和右侧边的祭坛，均摆放着圣母玛利亚的像。右侧的是见证了“信徒发现”的“信徒发现玛利亚像”；入口的是法国赠送的作为“信徒发现”的纪念物。

天主堂内庄严肃穆。一遍遍播放的讲解，把游客带到了那个禁教的年代。

走廊上好几个房间，有一间陈列着外海地区的主任神甫德罗为了让信徒了解教义，让日本画师画的 10 幅版画，这是长崎的版画史上特别记载的宗教版画，目前是长崎县指定文物。

天主堂右后方的木结构三层楼，是废止禁教令时建的旧罗典神学校。设计和施工都是德罗神父参与的。引入了西方建筑艺术，是长崎县现存的最高水平的洋派建筑。目前作为基督教资料室开放。

离教堂不远处有一块硕大的花岗岩石碑，26 个人形的雕刻组成一个黑色的十字架。那是纪念 1597 年殉教的 26 个教徒的殉教纪念碑，附近还有一座“日本 26 圣人纪念馆”。

长崎市内的申遗候补，还有大野和出津两个外海的村落。它们在同一条公交线路上，从长崎站前乘往大濑户板之浦方向的长崎巴士，到大野和出津文化村前，步行 10 分钟，便可分别抵达。

出津文化村一带，在禁教年代，存在小规模的隐修基督徒的组织，隐藏圣画像进行祈祷，传承教理书以及教会历等，继续了自己的信仰。

出津集落目前是日本国家选定重要文化性景观。

出津文化村包括外海历史民俗资料馆、德罗神父纪念馆、旧出津救助院、出津教堂等，大多是德罗神父个人出资建造的设施。

出津教堂，是1882年由德罗神父设计施工建造的，2011年被指定为日本国家的重要文物。1891年改造了一部分，增建了玄关，形成现在教堂的形状。这个玄关部，除了祭坛的屋顶有既存的装饰等以外，还设有钟塔。外壁砖瓦结构，玄关石垒，内部木结构，三廊式喷漆。平天花板。屋顶铺瓦，且非常低。这是考虑到教堂的位置面朝海岸，风大。钟楼的钟是神父从法国买来的，朝夕优美的钟声响彻山区。该教堂曾经用作电影的外景地。

旧出津救助院，是德罗神父为了支援女性自立，作为编织、缝纫、加工通心粉等的作业场，投入私财，于1883年建造的。德罗神父纪念馆，是德罗神父为救济穷人，于1885年建造的，利用了沙丁渔网工厂和学校等，现在展示着关于神父的物品，还有德罗神父的风琴。

长崎县另有8处世界文化遗产候补，距离略远一些。从1618年起，花费了7年的时间建造、位于岛原半岛中央部森岳的岛原城遗址，目前是日本国家的指定历史古迹、“岛原天草暴动”的地方。岛原和天草的领民们，从1637年至1638年爆发了起义，约37000人据守在原城，战斗了88天，妇女和小孩被杀，原城被彻底破坏。

平户市的无人岛中江之岛，位于平户岛西北岸的海面2公里，是信徒被平户藩处刑的殉教地，天主教徒秘密地前来采集从岩石渗出的圣水。

佐世保市的黑岛集落和五岛市的蕨町、久贺岛的集落、奈留岛的江上村，以及北松浦郡和南松浦郡，都是隐修基督徒响应平户藩的号召，在封闭的环境下，或者在对外的佛教寺院秘密地对“玛利亚观音”的像祈祷，持续了自己的信仰。

基督教解禁后，分别在岛中心或集落建造了教堂。目前，几处都是日本国家选定的重要文化性景观。

大浦天主堂

1933年被指定为国宝，是日本国宝中唯一一个西洋风格的建筑物。

长崎天主教堂

长崎人信仰天主教由来已久，且蔚然成风。无论在繁华城市还是朴素乡村，都有天主教堂。

浦上天主堂

受到镇压的天主教徒们，于明治维新以后花费了近30年的时间创建了浦上天主堂，这所教堂是立于东洋土地上最大的天主堂。

唐人屋敷 锁国时代唐人聚居区

长崎是日本华侨的聚集地，历史上曾经是东亚、东南亚多边贸易的重要中继中心，400 多年前就有华商渡航到长崎与九州各地。幕府颁布了对基督教的禁教令后，为保持贸易稳定，华商建立起分别代表各祖籍地的佛教寺院——唐四寺，来证明自己是非基督教徒和祭拜海神妈祖的信仰，由此形成了以唐四寺为核心的四个地缘社会组织，并成为长崎华侨社会与日本社会逐步融合的重要文化资本。

日本人在明治维新以前称中国人为唐人。

长崎大约从 1562 年开始与从中国东南沿海驶向九州各地进行贸易的商船——唐船交往。1571 年长崎开埠时，入长崎的中国人约 1500 人。以后，许多逃亡日本的人从长崎上岸并滞留。1603 年德川幕府建立后，日本社会稳定，进入九州的人越来越多，在日本实行锁国之前，除平户和长崎外，中国人多散居于九州的博多津唐房、都城、唐津、伊仓、府内、臼杵、口之津等地。实行锁国后，各地唐人街萎缩，在日中国人纷纷移居长崎。

据说，当时的长崎代官末次平藏恳请幕府新设长崎中国人的墓地，获得数百亩地，建造了道佐悟真寺国际墓地，由历代主持守着院落内的墓。

日本的锁国时代，仅限于长崎一地对中国和荷兰进行国际贸易（事实上还有到釜山与朝鲜半岛进行贸易的对马岛），尤其以中国商船的赴日贸易为主体。有丰富贸易经验的博多商人来到长崎，发展了长崎贸易。据文献记载，到长崎的唐船，1631 年有七八十艘。从 1635 年起，长崎港垄断了与中国的贸易。1683 年清朝开放海禁，仅 1688 年，就有 177 艘船只驶入长崎，随船进入长崎的人达 9128 人次之多。长崎港内唐船辐辏，舢舻相衔，帆墙林立，蔚为壮观。

德川幕府对赴日唐船态度宽松，幕府规定，凡在 1624 ~ 1634 年前抵达长崎的，均可购地置屋，与妻儿家人团聚，享有永久居住权，被称为“住宅唐人”。而此后来日的“在留唐人”可以租屋寄寓，不能购屋置产，但可享有短期或较长期的居住权。

为防止金、银、铜的海外流出和防止走私，限制船数、贸易额，江户幕府发布了限制长崎贸易的《正德新例》。此后，赴日唐船逐渐减少。整个锁国期间，驶抵长崎的唐船有五六千艘之多，可以想象由两国间的贸易带来的两国人的交往景象。

唐船贸易不仅给长崎带来了经济繁荣，还带来了文化的繁荣。搭唐船来到长崎的中国工匠、医生、僧侣和文化人把中国文明带来并传到日本各地。隐元和尚是唐人从福州请来主持崇福寺的禅僧，1661 年他去京都创建黄檗宗万福寺，成为日本黄檗宗的开山鼻祖。他还是日本黄檗宗书法三笔之一（另外二人是木庵和尚和即非和尚），他挥毫的匾额“崇福禅寺”至今仍然挂在万寿山崇福寺的山门上。如今日本人食用的菜豆正是隐元从中国带到日本播种结的果。如今崇福寺是日本的国宝，也是长崎有名的景点之一。

到长崎的中国人开始时和日本人一样散居在长崎市内。但是，过了一段时间，私贸易增加。1688 年，幕府为了加强对中国人的管制，命令设置“唐人屋敷”（即唐人街），翌年完成。中国人迁移到唐人屋敷，除了去唐寺以及孔子庙等特定的日子以外，中国人禁止外出。并且，除了唐通事和烟花女以外，外来人员的进入也被禁止。

这里提到的唐通事，是存在于 1604 年至 1867 年的管理到长崎的中国商船活动的人。日本官府根据门第和才能，从“住宅唐人”中任命通事和唐年行事（唐人管事），由他们直接管理唐船贸易和唐人社会。通事的工作内容有做交易时的口译工作，调查来港船员的宗教信仰，不让天主教徒进入；翻译装卸货单，翻译国外情况书并向上呈报，国外的情况书是德川幕府及时了解中国情况的重要渠道；监视唐人馆内的走私活动；上报唐人的意见要求；唐船返航时交付信牌，信牌就是来港通行证，没有信牌，不可以在长崎进行贸易。唐通事成为长崎奉行下的一个重要的职能机构，他们中有不少人出身于名门望族并且职务世袭。

唐通事分漳州口、福州口和南京口的三口。“住宅唐人”按出身地划分有：三江帮（江南、江西和浙江为三江）、“漳泉帮（漳州和泉州）”、“福州帮”和“广东帮”。“住宅唐人”为了死去的唐人的埋葬和祭祀等事宜出资建造了悟真寺、兴福寺、福济寺和崇福寺等唐人寺庙，当地称为“唐寺”。

唐人屋敷建于长崎郊外的十善寺乡，占地面积 36328 平方米左右，约是出岛的 2.5 倍。从 JR 长崎站乘坐 1 路路面电车到“筑町”，步行 7 分钟可以到唐人屋敷。人多时，唐人屋敷生活着 3000 个中国人。唐人屋敷设有检查中国人进出的大门和二道门，二层楼的长屋等，长屋还开宴会，现在门上还贴着红纸。有拱形门的观音堂，供奉观音菩萨和关帝。有供奉保佑唐船航海安全的妈祖天后堂，还有土神堂前的广场，在此进行拔河比赛和在正月十五上元节舞龙。搬运货物的人行走的广马场，据说，当时撒落之物归搬运人所有，因此，有人故意撒落。唐人屋敷由墙和沟围起来，设有监视小屋。四角立着界碑。

在西方的压力下，日本通商口岸开放，唐人屋敷被废除，中国人迁移到新地。中华料理店和中国物产店不断增加，形成了长崎独特的中华街。成规模后的新地的地租不菲。1874 年在新地的华侨缴纳地租的记录，每年租金洋银 124 块，用现在的货币价格计算，相当于 15 万人民币左右。现在，新地中华街的东西南北 4 个入口，都建了红色的中华门，并分别装饰有东门青龙、西门白虎、南门朱雀、北门玄武。在新地建造了仓库，收纳唐船卸下的贸易品。为了防止走私贸易，填海筑岛，建了“新地货仓”。当年的“新地货仓”早已被拆除，仅在中央的十字路口竖了一块石碑，但在 JAL 宾馆大厅的后面，移设了一部分“新地货仓”的护岸，还能够寻找到当年的痕迹。

近代长崎与上海的交往需要一提。

长崎与上海有着因海外贸易而开放港口这一非常相似的成长经历，是关系密切的城市。1862 年，长州藩的高山晋作一行，由幕府派遣，从长崎港乘坐“千岁丸”访问上海，看到当时的上海已经形成法租界、英租界，西洋商馆林立，对于这种情况抱着强烈的危机感。从横滨经由神户、长崎的上海航路，当初由美国的太平洋邮船公司运行，1875 年，岩崎弥太郎率领的邮船三菱公司代替了它。蒸汽船“高砂丸”与上海的定期海运航班是日本公司最早的海外定期航班。

1870年，丹麦的大北电信公司从此获得了在日本铺设上海至长崎和海参崴至长崎的海底电缆的许可，翌年铺设完毕。长崎与交通、通信网的重要据点城市上海连接了起来。电报局的一份长期的告示，希望从长崎往上海发电报，上面写道："1871年，开始了长崎—上海和长崎—海参崴的日本最早的用莫尔斯电码的国际电报，希望您充当一回当时的通信士，从长崎往上海用电报发送重要的信息。"位于梅香崎的大北电信公司的设施和机器类，1954年转让给了日本国际电信电话公司（KDD）的长崎国际电报局。

旧香港上海银行长崎支店纪念馆

香港上海银行继1866年在横滨开设分行后，1904年长崎支店在旧居留地的上等地竣工。这是下田菊太郎设计的现存唯一的遗址，日本国指定的重要文物。原香港上海银行长崎支店的建筑物，是长崎市内的西洋式建筑群中最高级别的。面前的海岸停泊着各类船只，形成大浦海岸大道和长崎港的象征性的景观。一楼部分是连续拱门的拱廊，二楼和三楼部分，是克朗式的圆柱的建筑样式，在其上面，放置了三角山墙的房顶等，设计重视朝海的正面。

香港上海银行长崎支店，是当时神户以西唯一的外国银行，也是一家特殊的外汇银行，以外国侨民，尤其是贸易商为主要客户，以国外汇兑和以在伦敦、上海、香港的外汇买卖为主要业务。1931年，香港上海银行长崎支店关闭。该建筑物1938年用作警察署的厅舍，1978 ~ 1988年用作长崎市历史民俗资料馆。1996年10月，作为长崎市旧长崎上海银行长崎支店纪念馆开馆。目前，建筑物内进行着相关的展览：一楼展出香港上海银行长崎支店的历史；二楼展出孙文、梅屋庄吉和长崎、长崎的华侨史料；三楼展出长崎—上海航路、贸易港长崎的历史、山手外国人居留地介绍、建筑家下田菊太郎的史料等。展览资料弥足珍贵，对于了解两地关系很有帮助。

日华联络船

1923年，新造的高速船"长崎丸""上海丸"通航，为纪念日华联络船，日本政府发行了小册子，归纳了上海附近的旅游景点、住宿、交通工具、日华联络船（长崎丸、上海丸）的出航日程、价格等乘船信息，还附带了面向上海游客的小浜温泉的地图。时任长崎市长和中华民国驻长崎总领事为该册投了稿，可以看出对日华联络船的重视。

据该册介绍，长崎至上海间的三等船票 18 日元，最高级的特别房间（1 人用）150 日元。当时，日短工的平均 1 天的工资为 1.3 日元。三等船票相当于两个星期的工资。导游册里写着“一昼夜到上海”。

由于长崎至上海航路的开设，长崎成为日本和中国的重要的交流据点。从清朝到中华民国这一动乱时期，以华侨为首，许多长崎人都支援中国的革命者。尤其梅屋庄吉夫妇从物质和精神两个方面支持孙中山、宋庆龄等的革命活动。记者铃木天眼、金子克己等，用报纸支援革命。

日本邮船株式会社开设的这条长崎至上海航路，飞速增加了物资和人员的往来，长崎的云仙成了日本第一个外国人保留地。

日本邮船的上海航线，从明治时代起就已有横滨—上海之间，神户至上海之间的定期联络航班。1923 年（大正 12 年），新建了第三条航线即长崎至上海之间的定期航班，随着最大航速 21 节的快速客船上海丸和长崎丸的亮相，日中之间的航程缩短为 26 小时。这些都给日本人的大陆体验带来了不可估量的影响。19 世纪后半叶，上海异常繁荣，这种繁荣带来的机会，寄托着日本人的各种梦想，他们追求一种在日本本土无法实现的，而在上海这块土地上可以自由自在地开展自己的行动的体验。

20 世纪初，到上海的日本人剧增。1906 年，旅沪日本人有 5814 人，其中，长崎县出身的人有 1314 人，相当于每 4 个旅沪日本人中就有 1 个是长崎人。当时长崎流行一句话：“穿着木屐去上海。”形象地表明了往来于长崎至上海间是一桩多么便捷、轻松的事情。第一次世界大战以后，沪上日本人超过了最多的英国人，一跃成为公共租界的主角。在上海的日本人社交场所中最有名的“六三亭”（料亭）和“六三花园”（日本式庭院），是长崎出身的白石六三郎经营的。

日华联络船持续了 20 年，运营到第二次世界大战中的 1943 年。此后，1979 年，长崎与上海之间的定期空运航班通航。1996 年，两地结成友好城市，上海设有长崎县政府的办事处。2012 年，两地的海运航路正式通航。

对于长崎县而言，上海人不是最早去长崎的人，上海市也不是长崎县的第一个友好城市，反之亦然。但是，近代以来，两地的文化、经贸交往是非常频繁的。

丨长崎春节灯会丨

长崎的新地中华街、横滨中华街、神户中华街并列为日本三大中华街。虽然目前长崎不是日本华侨的聚居中心，作为文化主要载体的老华侨人数也只有400人左右，但与长崎华侨有亲缘关系的福建北部华侨的增多，使得日本华侨社会成为以福建北部华侨为主体的福清帮社会。

长崎灯会，是借鉴福建民间欢度春节用中国花灯装点的形式。1994年开始，长崎灯会正式命名，随后规模逐年扩大，从最早仅限于长崎中华街的春节庆典发展成为由当地各界共同参与，日本规模最大、时间最长的春节中国文化活动，树立了长崎市著名旅游品牌，每年有超过百万的长崎本地以及日本、世界各地的游客前来参加，而且成为长崎社会发展的重要文化资源。

丨门松丨

岁寒三友，指松、竹、梅三种植物。因这三种植物在寒冬时节仍可保持顽强的生命力而得名，是中国传统文化中高尚人格的象征，传到日本后又加上长寿的意义。在进入正月的传统习俗时，日本人会在家门口摆上门松——松、竹、梅三种植物。

松和竹在严寒中不落叶，梅在寒冬里开花，有“清廉洁白”的意思，是古代文人的理想人格。日本平安时代由中国传入松竹梅，江户时代起又有吉祥的意义。

日本的陶瓷器、漆器、织染也常用松竹梅图案，常用于门松、女儿节人形等节日装饰以及添丁、婚礼等喜庆事上面，常与鹤龟之类的主题一起用。

位于日本东京都的天皇皇宫的正殿有三间厅堂，分别称“松之殿”“竹之殿”和“梅之殿”。其中，松之殿级别最高，是日本皇室进行正规仪式的场所。另外，在日本的寿司店中，往往也以“松竹梅”表示寿司拼盘的档次规格。

王直全身铜像

长崎平户市街中心竖立着拄着剑、凝视远方、儒将风度的王直全身铜像。

这位明代实力最为雄厚的海上武装集团的首领，在日本被尊称为“五峰先生”。1543 年，把枪带到种子岛的葡萄牙人，就是坐了王直去日本的商船。王直以长崎为基地，与葡商、日商形成稳定的贸易关系，并以日本为中转站，将贸易航线延伸至菲律宾、暹罗（今泰国）、安南（今越南），形成强势的贸易网络。

当时，日本处于战国时代的动乱，货物奇缺，中国的生丝、棉布、锦绣、瓷器、药材、铁器等都是急需的商品。日本各地领主都希望跟中国做贸易，但是，明朝规定的勘合贸易无法做，这种朝贡贸易中，日本需要的自由交易商品的贸易内容无法实现。所以日本把自由交易商品的走私贸易包括在日明贸易中。长崎离大陆最近，长崎的平户和五岛成为了王直的据点。商人运货到日本后，通常可以获得 5 ~ 6 倍的利益。王直来到日本，得到当地藩主岛津的庇护，在走私贸易中获得丰厚的利润。他把五岛作为据点，在平户修建了印山寺，至今平户还有王直等人使用过的六角井遗址。长崎县保留着王直的各种遗迹和传说，他们以王直为自豪。

王直在中日沿海的影响力大增，被尊称为“五峰船主”，也成为朝廷的心患。朝廷将他定性为反抗朝廷的“盗匪”进行围攻。后来，朝廷对王直进行招安，王直轻信了使者关于开放海禁的承诺，率部归顺朝廷，两年后被朝廷诱杀于杭州。

长崎南画

长崎南画在日本独树一帜，是这一时代产生的新的绘画样式。据说，在锁国时代，来长崎的中国人传来的书籍、画谱是最前卫的文化。同时代的长崎人铁翁祖门（1791 ~ 1871 年，春德寺第 14 代住持）、木下逸云（1799 ~ 1866 年，八幡町官员）师从中国人江稼圃。木下逸云与来长崎的中国人交往密切，定期召集他们和长崎画家一起举办书画会等，构建了长崎南画的黄金时代。铁翁祖门、木下逸云以及三浦梧门（1808 ~ 1860 年，本兴善町官员）被称为“长崎南画三画人”。

新地中华街及周边

● 凑公园是长崎灯会的主会场，原是唐人居住区和作为中国人货物保管仓库的新地藏所（现在的新地中华街）的所在地。

● 新地中华街的中华料理。

● 长崎名物角煮馒头，是长崎的一种特产料理，原型是中国的的东坡肉，后经过长崎人的改良变成了现在的角煮馒头。

● 旧香港上海银行长崎分行博物馆。

长崎孔庙

长崎孔庙和国内的孔子庙出于一式，自建成至今已有一个多世纪，是长崎华侨在清王朝驻长崎领事馆的建议下，由各大乡帮组织平均分担出资建成的，是国外唯一一座由中国人建造的孔子庙。

门松

进入正月，日本人会在家门口摆上门松——松、竹、梅三种植物，以图吉利。

唐人屋敷迹

唐人屋敷曾生活着3000中国人，设有检查中国人进出的大门和二道门，由墙和沟围起来，设有监视小屋。

出岛
荷兰商馆带来『兰学』

离新地中华街不远，有一块扇形的地，名叫出岛。出岛的“出”是突出一块的意思。门口的说明牌告诉前来参观的人们：出岛是为日本的现代化做出重要贡献的宝贵历史文化遗产，因此，1922年10月12日，被指定为国家级史迹。作为旅游景点的，是位于该岛的荷兰商馆遗址。

九州的平户和长崎，先后有4个西方国家设立商馆。

1561年，葡萄牙商船获准在平户开展贸易，日本称“南蛮贸易”，在平户设立了葡萄牙商馆。应葡萄牙的请求长崎开放港口，在长崎也设立了葡萄牙商馆。日本在与葡萄牙的贸易中，进口了生丝、丝织品、呢绒、印花布、象牙、珊瑚树、砂糖等，同时，以银为中心，出口了铁、屏风、刀剑等。据说最早赠送礼品的有虎、孔雀等动物，卢松总督赠送给丰臣秀吉一头大象。

1584年，西班牙的商船来到日本，在平户设立了西班牙商馆。平户以及长崎因对西方贸易而繁荣，甚至被称为“西国的京都”。丰臣秀吉感到西方各国获取殖民地的强烈危机，发布禁止基督教令。

1600年，属于荷兰的鹿特丹贸易公司的商船漂流到丰后国。日本渔民为奄奄一息的船员提供了帮助，由于西班牙人和葡萄牙人从中挑拨、诽谤，荷兰人被拘留。亚当斯在地理、天文、机械等学科上有一定的造诣，且懂得葡萄牙语和荷兰语。德川家康召见亚当斯，被他的博学所打动，决定留下这些不传教的荷兰人进行贸易。荷兰人亚当斯到日本后，学会了日语。德川家康先是任命他担任宫廷翻译。赐其姓，并授予其武士头衔。他在日本叫三浦安针。

荷兰人的到来让平户大名松浦隆信喜出望外，他一直嫉妒长崎的繁荣，早就希望其他欧洲国家能给平户带来同样的机会。于是松浦氏尽力帮助荷兰人，试图互通贸易。松浦氏给荷兰人送去各种补给。荷兰人随后找到亚当斯，聘请他担任翻译、顾问和谈判代表。在亚当斯的陪同和指点下，荷兰人顺利谒见德川家康，并呈上奥兰治亲王的亲笔书信。德川家康在回信中允许荷兰人在日本各港自由登陆和往来，允许他们设商馆，并保证其安全。此外，荷兰人还可以买卖任何商品，且价格不受限制。荷兰人也答应德川家康，每年派 1 ~ 2 艘商船来日。于是，开始了日兰贸易。

荷兰东印度公司在平户建立商馆。最初的规模小，设施落后。随着贸易的开展，商馆规模逐渐扩大。荷兰人用赠送礼物给将军和重要官吏的方法，免去各类税收，发展了贸易。

英国也在平户建了英国商馆，但后来改变方针，把重点放在对印度贸易上，关闭了平户的英国商馆，脱离了对日贸易。

德川家康担心日益扩大的基督教，发布了丰臣政权以来的新的禁止基督教令，禁止组织耶稣会的西班牙船进入日本，关闭了平户西班牙商馆。并且，要求葡萄牙的澳门当局不要向日本派遣传教士，澳门当局唯恐断绝与日本的贸易，表示同意。但传教士们到东南亚的日本街，对居住在或抵达那里的日本人进行传教。有人甚至伪装成商人和船员偷渡到日本。被逼到走投无路的基督教徒爆发了“岛原之乱”，幕府认为情况严重，为了彻底禁止基督教，镇压了叛乱的幕府希望停止与葡萄牙的贸易。葡萄牙人被驱逐出出岛。

由于荷兰在镇压“岛原之乱”中有功，出于收集关于西方各国的信息等的目的，荷兰的贸易得到了继续进行的许可。1641 年，幕府把荷兰商馆从平户迁移到出岛，在这里完成了“锁国”。以后，在日本的西方国家的商馆，只有长崎出岛的荷兰商馆存续到 1858 年 8 月 18 日的《日兰修好通商条约》缔结为止。

荷兰缺乏资源，本国商品仅限奶酪、黄油等农产品。到达日本后，荷兰人从亚洲各地购得日本需要的商品，以生丝为主对日进行贸易。荷兰人已经能够稳定地采购到一定数量的生丝运往日本，荷兰人与统治中国东南沿海的郑芝龙集团达成协议，大量购入以丝商品为主的走私物品。

由此，荷兰抓住幕府全面禁止本国海运的机会，取代日本和其他欧洲国家，成为暹罗、马尼拉等东南亚地区重要的贸易伙伴。彻底驱除葡船、葡萄牙人后，荷兰成为日本唯一的西方贸易伙伴。

荷兰人租借了出岛的土地和建筑物居住，因此每年约支付 1 亿日元的房租。在荷兰船进港进行贸易期间，出岛的人多，荷兰东印度公司的员工滞留在此。其余的日子，据说只生活着 15 个人，包括商馆长、副商馆长、记账本等的笔记员、货仓员、外科医生、厨师、木工、锻冶等，还有从东南亚的巴塔比亚带来的用人。历代商馆长加起来共有 163 人。滞留期短者 1 年，长者 14 年。

1810 年，荷兰被法国吞并，从 1810 年起的三年间，出岛没有一艘荷兰船进港。这期间，食品等的必需品由幕府无偿提供。长崎奉行每周 2 ~ 3 次派人问询的需求。1815 年，成立了尼德兰联合王国。也就是说，这五年间，在全球范围内，飘扬荷兰国旗的只有日本的出岛。

走近出岛，先看到一座车流量、人流量很大的铁桥。桥上还有“土木学会选奖土木遗产”“2003”的字样。

据介绍，由于在明治时代实施了变更中岛川流向的工程，1890 年，在中岛川河口架设了铁制的新川口桥。之后，于 1910 年伴随着旧出岛桥的老朽化，新川口桥迁移到现在的所在地，并改名为出岛桥。从美国进口钢材，由日本土木公司负责施工，是日本最古老的道路用的桥梁、日本现代桥梁建筑史上珍贵的历史遗产，2003 年 11 月被土木学会推荐为选奖土木遗产。

出岛位于该桥的西侧，由高约 1.2 米的石墙环绕。明治以后，在长崎港周围，为了应对大型船进港，进行了三次港内的疏浚和港湾设施的整备等的改建工程，在这一工程中，出岛周围进行了填埋，其扇形消失。

从入口（出岛的东口）进入岛内，先是一片“迷你出岛”：参考 1820 年左右的一幅《长崎出岛之图》（川原庆贺画），于 1976 年制作的十五分之一的出岛的模型。在其西面，是 1903 年建造的居住在长崎的外国人和日本人交流的场所——旧长崎内外俱乐部；其南面是 1878 年建造的现存日本最古老的基督教的神学校。岛内共有 20 来幢建筑物，有丁香等出口品和收纳砂糖、苏木（染料）等进口品的各类库房以外，还有供来航的荷兰船长居住的建筑物等。建筑物中，荷兰商馆长的房子最大，除了作为办公室与住居使用外，当日本的官员和诸侯大名等访问出岛时，还用作接待的场所。

出岛内还有当时荷兰人实际使用的高悬的铁钟和用三脚架支起的天平秤。有一个石制的根据太阳的光影知道时间的钟，以及若干处表示居留地时代的出岛的土地编号的石标柱。1859 年，出岛的荷兰商馆被废止，设置了荷兰领事馆。1866 年被编入外国人居留地。

出岛的工作人员身着古装，头戴遮阳的斗笠，也许是当时搬运货物的工人的装扮吧。出岛的观光约需 2 小时。

从 1641 年至日本开国为止的 218 年间，出岛在进行贸易往来，出口的有金、银、铜、樟脑、漆器、酒、酱油等。进口的有生丝、呢绒、甘草、大黄、番红花、肉桂、丁子、胡椒、砂糖、地球仪、望远镜、医学书、钟表、眼镜等杂货的同时，欧洲的科学技术和文化艺术或者世界的信息，也通过出岛传入日本。

对于日本人来说，出岛是了解欧洲的窗口。同时，从出岛运到荷兰的日本的货物，对于向世界介绍日本这一国家起到了作用。对于欧洲人来说，出岛也是了解日本的重要窗口。

通过出岛，促进了陶瓷器和服饰这些日常用品方面的交流。日本和中国的陶瓷器在欧洲很受欢迎，喜欢东方的人把陶瓷器装饰在住宅和城池的室内。出岛积极出口欧洲订购的陶瓷器商品。在荷兰也生产出了很多模仿东方的瓷器的制品。17 ~ 18 世纪流行日本的和服及其仿造品，出口的印花布和天鹅绒等的纺织品，作为服装、床上用品、包袋的材料，很受西方喜爱。

通过出岛，还促进了绘画和漆器这些工艺品方面的交流。从出岛出口的商品中，漆器是在欧洲大流行的商品之一。日本根据荷兰的订货，制作了很多融合了日本和欧洲的样式、图案、材质、技法的用以出口的漆器。荷兰的画家用和纸制作了铜版画。长崎出现了画油画的若山五十八等画师。并且，进口颜料的布鲁蓝广泛地用于江户的浮世绘等。长崎在绘画和工艺的领域有了独自的发展，吸收中国和欧洲的画风，制作了以豪华的贝雕为首的工艺品等，反映异国嗜好的作品令当时的人们着迷。

随着荷兰商馆迁入出岛，日本人在长崎开始学习荷兰语，出现了能阅读荷兰语的通词，编入长崎的地方官吏的组织。通词的会所设在出岛，1～2名值日的通词昼夜服务。学习荷兰语开始时只限于荷兰通词，1720年幕府解禁洋书进口，允许向荷兰通词学习荷兰语后，长崎学习荷兰语盛行。通词一职从翻译开始，后来成为日外贸易及经济、文化的中介者，促进交流的作用很明显。

与荷兰人保持了200年左右的贸易，长崎成为日本在锁国后与世界连接的唯一窗口，从荷兰人和荷兰的书籍中吸收欧洲的学问，当地的长崎通词就是第一批"兰学家"，"兰学"也由此发展起来。

"兰学"的内容就是做荷兰的学问，在语言学、天文学、物理学、医学的领域，都产生了日本的"第一人"。

在语言学方面，志筑忠雄及其弟子马场佐十郎，留下了关于荷兰语语法的先驱性业绩，打下了兰学研究的基础。本木正荣编辑了日本最早的英语字典和法语字典等，最先对欧洲各语言进行了研究。

在天文物理学方面，本木良永最早向日本介绍地动说（太阳中心说），留下了《太阳物理了解说》等译著。志筑忠雄进行《万国管窥》（世界地理博物学）和《历象新书》（牛顿力学）等翻译，在多个领域留下了先驱性业绩。

在医学方面，本木良意在日本最早翻译西方解剖书，以后成为《荷兰全躯内外分合图及验号》(1772年刊）出版。还有，为《解体新书》(1774年刊）写序文的吉雄耕牛，作为兰医，知名度很高，一生有弟子1000人。

先后共有150人左右的商馆医生到出岛赴任。但是，前往长崎，要学习医学的人，很难进到出岛里面。在这种情况下，1823年抵达荷兰洋行的德国医生希泊尔特被允许在出岛以外的鸣泷，开办医学教育的学校"鸣泷塾"，为从全国集中到此的学生系统讲授西方的学术理论。

进入幕府末期，日本不仅向荷兰学习，开始更广泛地学习欧洲各国的近代学术理论和技艺，将兰学进一步拓展到与"洋"这一名称匹配的广度。没有人能够否认洋学的价值，因此，幕府和各藩竞相竭尽全力引进洋学。

希泊尔特对日本的兰学的发展立下了功的。他的故居目前作为纪念馆开放，与其在鸣泷开设的私塾毗邻。希泊尔特 1859 年重返日本时居住于此，从日本各地订购了珍奇的植物，建造植物园等，以鸣泷为据点，继续进行日本研究。这里是日本的西方现代科学的发祥地，是日本被广泛介绍到欧洲的研究活动的据点，对日本的现代化以及国际交流起到了重要的作用。

长崎市内保存的希泊尔特的故居，1922 年被指定为国家级的史迹。

希泊尔特纪念馆集中展示了日本现代医学之父希泊尔特的所有资料。建筑物为红砖三层洋房，据说与荷兰的希泊尔特的故居相同。一楼用录像，二楼用从日本全国收集的约 1500 件展品（其中 216 件展品常设展示），按照年代顺序，介绍希泊尔特的一生。三楼举办特别展。

希泊尔特纪念馆虽然也在市区，但是较难寻找，在位于鸣泷 2 丁目的一条标记着“希泊尔特路”的小路上。从长崎站前乘坐往萤茶屋方向的路面电车，到终点前一站新中川町下车，步行 7 分钟到。希泊尔特故居的院子很大，正面的深处有一尊胸像。竖立在故居门的右侧的石碑是 1897 年设置的。

为纪念日本与荷兰交流 400 周年，继“荷兰村”后，从 2000 年开始，长崎港每年夏季举办帆船祭盛会。在长崎县内佐世保市的南海岸，仿造了一座 1647 年建在荷兰哈克市的贝阿特里克斯女王的宫殿，并且冠以与荷兰王宫同样的名字“豪登堡”（HUIS TEN BOSCH）。这一称呼在荷兰语中意为“森林之家”。

帆船祭是长崎夏季 4 月最吸引人的活动。国内外各式帆船聚集在长崎港，除了扬帆训练、船内参观与乘船在长崎港内巡回体验外，还有绳结教室等活动。不论是在蓝天下扬起令人向往的白帆，或是夜晚用灯火点缀船影夜景，都让人们对大航海时代的帆船和驾驭的勇士充满了崇拜。

荷兰在 12 世纪时还是个不起眼的渔村。15 世纪，荷兰人在北海捕捞鲱鱼，为此造了很多船，造船业兴起。17 世纪，这个小小的国家拥有世界上最强大的船队，它们游弋在世界各大洋中，几乎垄断了全球的远洋贸易，当时英法两国的远洋贸易总额加起来才勉强与它相当。世界史上的 17 世纪被公认为是“荷兰的世纪”，一个前所未有的商业帝国，成为世界贸易中心、金融中心。在那 100 年里，世界上几乎没有人能够忽视荷兰。荷兰的崛起，完全是依靠经济实力的强大，有能力建造船只，而且比别的国家效率都要高，也让它在 30 年战争中拥有世界上最强大的军队。

这个创造奇迹的小国，成为日本人的老师，日本一直在羡慕与追随。兰学，让日本人在明治维新前的一个多世纪，在思想上、文化上、技术上接触来自西方霸权的影响。

日本人把荷兰人的精神、智慧、技术运用到了豪斯登堡的建造上。

这里原来是一片汪洋，在江户时代开垦出了一块块水田，昭和初期围垦建造海军设施。曾经是个军港，也建成过工业区。由建造了“荷兰村”的东印度公司社长牵头，集日本、荷兰两国的各路专家，在 152 公顷的土地上建造了一个崭新的城市，再现了 12 ~ 19 世纪的荷兰王国的城市风貌。

豪斯登堡（“森林之家”）植树 50 种 40 万棵，栽花 30 万株，建成全长 6 千米的运河。1989 年动工，第 6 个年头，一个新型的城市展现在世人面前——10 个街区 152 栋楼房，有文化设施、娱乐设施、餐厅、商场。“国”内有五大宾馆可以接纳游客，是个观光地，而且还是个 3 万人居住的生活区。“境内”的住户来自日本各地，据说居住在东京等地的好几位歌星、影星同时也是这里的居民。

从豪登堡极目望去，远处是停泊着无数游艇的大村湾，海面在明媚的阳光下泛着涟漪，近处是随地可见的郁金香花，在河边，在墙脚，在旷野。花瓣有大红的、酱红的、玫瑰红的和红中镶有白边的，也有蜡黄的、鹅黄的、奶黄的和近乎白色的。花们或是排成正方形，或是列成长方队。远近交接处，是庄严雄伟的宫殿，砖木结构的楼房，随风转动的风车，潺潺流淌的运河。葱郁的绿茵衬托着乳色的城堡，雪白的门窗镶嵌在红色的砖瓦房墙上。远近呼应，连绵起伏，形成一幅色彩斑斓、生动美丽、充满异国情调的立体画卷。

当把磁卡塞进入口处检票器，磁卡从另一端弹跳出来的时候，游客们的脸上放出光芒:“入国了!”在这里，入场券叫“护照”，入园叫“入国”，意为“进入日本土地上的荷兰王国”。在这个“国度”里，有异于扶桑之国的感觉：商店街头陈列着头往上翘的木鞋，食品巷内妇女们端着自制的蛋糕，大街上着红衣戴黑帽的卫士在骑马巡逻，广场里碧眼青年在翩翩起舞，木船在小桥流水间往来。擦肩而过的女人们长裙外套着背心，纱巾将发辫包得严严实实；男人们上衣短到肚脐，灯笼裤不遮腿肚。红殷殷的衬衣名叫“健康”（Health），据说染布料时使用了洋茜草和明矾，可以防止潮气免患风湿病。

那式样滑稽的木鞋，也是因为荷兰有四分之一的土地低于海面，穿着这种用白杨树和柳树木制成的木鞋，可以防止脚部受潮，这与日本人的木屐有异曲同工之效。现代人用皮鞋代替了木鞋，但是为结婚仪式和新婚蜜月专门定制图案美丽、雕刻精细的木鞋的依然大有人在。过去，江户时代的长崎人，把荷兰船运来的稀有品在名字前冠上“荷兰的”，仿制成新的美术工艺品。今天，荷兰国就在眼前。以大风车为象征的荷兰村和与荷兰王宫同名的豪登堡，表达了日本人对荷兰的谢意。

出岛荷兰遗址

●长崎港停泊的游艇。

●出岛的荷兰风情街。出岛是日本江户时代幕府执行锁国政策时所建造的人工岛，岛的轮廓是扇形的，是1641年到1859年期间，荷兰人居留日本的地方，出岛设有贸易站。

●格洛弗之家，瞭望长崎港的景色。

●出岛荷兰商馆遗址、1:15的出岛的模型，以及出岛的工作人员身着古装，头戴遮阳的斗笠。

入口
出島オランダ商館跡

对马海峡
神风吹起

对马海峡、宗谷海峡、津轻海峡为日本的三个主要海峡。隔着对马海峡与朝鲜半岛东南相望，是日本通往中国东海、黄海和进出太平洋必经的航道出口，进出日本海的“咽喉”。

边境之岛，听起来有些神秘，有些浪漫。浮在离九州本土 132 千米的海面上的对马岛，以及对马岛和九州本土之间的壹岐岛，就是这样的两个边境之岛。在地图上，它们就像两块飞来石，落在了日本列岛和朝鲜半岛之间，占据了连接日本内与外的重要位置，被认定为“日本遗产”，名目是“边境之岛　壹岐 · 对马：古代以来的桥梁”。

这两个边境之岛自古都受到了“国”的待遇。在国郡制时，壹岐、对马、种子岛分别享受一国的待遇，可以想象对于畿内政权而言，这几个地区的重要性。

1274年和1281年，元世祖忽必烈的舰队横越对马海峡准备进入日本，让日本避免了蒙古来袭的，却在对马列岛遇到两次台风而兵败，这些台风后来被日本人称作“神风”。

近代 1905 年的对马海峡的日俄海战，让日本从此进入了世界海军强国的行列，成为远东地区首屈一指的国家。

1905 年 5 月 27 日至 28 日对马海峡海战，日本称为“日本海海战”，在朝鲜半岛和日本本州之间的对马海峡进行，战役以东乡平八郎海军大将指挥的日本联合舰队，摧毁了罗杰斯特文斯基海军中将指挥的俄国第二太平洋舰队三分之二的舰只，而自己仅损失 3 艘鱼雷艇，日方大获全胜而告终，俄国第二太平洋舰队几乎全军覆没。

这是海战史上损失最为悬殊的一场海战，被誉为运气的降临，神风再次吹起。

壹岐和对马这两个边境之岛，都出现在 3 世纪末的《三国志·魏书》的东夷传倭人条里，是魏志倭人传以及《梁书》《隋书》等中国史书中出现的古国，壹岐被称为“一支国”或“一大国”，对马被称为“对海国”或“对马国”。

历史上的壹岐国，是大陆和日本两个文化圈的连接点，作为一个窗口，流入了最新的、最灿烂的文化；遣新罗使、遣渤海使、遣隋使、遣唐使等使节团的往来，往往把壹岐作为中途的停泊港。

壹岐和对马，是日本神道的源流之一。

弹丸之地壹岐岛，竟然拥有古老的神社 42 座，分别有壹岐 7 社、壹岐 17 社，档次高的延喜式内社 24 社的“神社周游”等。据说，壹岐岛自古就受到崇敬的神社有 26 座，其中，藩主也亲自参拜的有 9 座，当中的 7 座，到现在也延续着正月里巡拜的风俗习惯。有专门一张参拜神社的地图，分几个专题，比如结缘恋爱、除厄开运、祈愿顺产的等。按照地图，顺时针参拜比较好。

在对马祭祀的神里面，受到特别尊重的是海神之女丰玉姬和神功皇后。丰玉姬是出现在《古事记》中的传承山珍海味的女神，相当于第一代天皇神武天皇的祖母，有守护航海、顺产、丰渔等贴近庶民的神德，受岛民们爱戴。神功皇后是怀孕在身征伐三韩（朝鲜）的勇敢女神，与其子应神天皇一起，作为“八幡神”被祭祀在全国的八幡神社。神功皇后与九州北部缘分很深，在对马也有很多传承地。

丰玉姬是往外国的航海（交流）守护神，神功皇后是保护国土不受外国侵略的女神。

神社进行祭祀活动时给神看的舞蹈叫神乐，壹岐神乐是祷神消灾的仪式。在壹岐，神乐舞和音乐都是神职人员表演的，相当神圣，是国家指定重要无形民俗文物。

在壹岐市芦边町八幡神社社家的古文书里，在 600 年前就有对神乐舞人数的记载了。壹岐神乐根据规模分成币神乐、小神乐、大神乐、大大神乐四种。大大神乐一年两次，夏季 8 月的第一个星期六，在石田町的筒城；冬季12月20日，在芦边町的住吉表演。

万松院成为宗家的菩提寺，这是历代的对马藩主和正室以及一族的墓所。

万松院古时曾经失火，烧去了建筑物，现在的正堂以及厨房是1880年重建的，免遭火灾的山门，是桃山样式的，即雕刻、绘画、工艺齐全的书院的样式。进入万松院，要经过有1000多年树龄的大杉树看守的百雁木，雁木指石梯，有132层石梯。对马藩主宗家墓是日本三大墓地之一，被国家指定为历史古迹。

宗家在一段历史时期内，曾经承担了日朝外交的重任。在江户时代的260多年间，对马藩被幕府全权委托与朝鲜的外交，在朝鲜半岛运营面积达33万平方米的外交通商设施“倭馆”，发挥了独自的外交机能。

藩主宗义真的治世是对马的黄金时代。他以在朝鲜贸易产生的莫大的利益为基础，开展挖大船越濑户的水渠、筑造船江的藩船船坞、挖掘阿须川等大规模的公共事业；设置日本最早的小学；从朝鲜进口生丝、人参，从日本出口银等。朝鲜人参作为万能药得到珍视。生丝在京都加工成西阵织后，被大阪和江户的富裕商人层消费。因朝鲜贸易带来的莫大的财富，对马藩被赞为日本西方的富翁。

对马岛纵贯路全线开通是1968年的事情。之前没有很好的道路，以前对马人到釜山，从佐须奈湾划小船去看牙医、理发、看电影。

对马岛是渔村文化，在首邑严原町，有数十家小酒馆，渔村只要出海就有鱼，有一获千金的可能。而壹岐是农村文化，在首邑乡之浦，只有为数很少的几家小酒馆，保留着勤俭朴素的传统。

从旅游的视角来看，对马岛显然比壹岐岛大气得多，浪漫得多。壹岐岛上有的，对马岛都有；壹岐岛上没有的，对马岛也有。相对于壹岐岛上把沙滩利用做海水浴场，对马岛的海水浴场就有9处之多，海边除了垂钓、冲浪以外，还可以潜水。在潜水过程中，浮游生物丰富的寒流和鱼影浓的暖流碰撞，有时候头上就有鰤鱼等大型洄游鱼旋回。因对马暖流的影响，除了可以长时间地观察南方系的海中生物以外，还可以观赏软珊瑚的群落。在美津岛町太田浦海面，可以看到长70米、宽80米的艾达珊瑚的大群落。潜水办公室设在严原町久田，离严原港车行5分钟。

浅茅湾是由复杂的海湾和无数的岛交织而成的风光明媚的内海海域，全域被指定为壹岐对马国定公园。从海上划着独木舟去参拜和多都美神社，是一项既传统又新潮的活动。祭祀海的女神丰玉姬的和多都美神社位于浅茅湾北岸的丰玉町仁位，有5个“鸟居”，其中2个在海里，随着潮起潮落，景观会神秘地变化。

陆桥之岛自生的大陆系植物，是很好的观赏植物；介于西伯利亚、中国大陆、日本本土、东南亚之间的地理位置，便于观察经过的候鸟和珍鸟。在美津岛町的自然公园里，饲养着对州马，这是不曾与其他种交配过的马，个子小，力气大，耐粗食，性格温顺，马蹄有力，不需要铁蹄。自古以来，活跃在农耕，驮着货物爬坡，搬运木材、农作物等场合，作为农家的一员，深受岛民们的喜爱。每年10月，孩子们在目保吕水库马事公园，进行对州马的草地赛马，还进行骑射比武等。

对马岛和壹岐岛这两个边境之岛形状不同，姿态各异。去边境之岛虽然都有空路（长崎—壹岐；福冈、长崎—对马），但是，从博多港出发，走海路（博多港—壹岐的乡浦港、芦边港；博多港—对马的严原港、比田胜港）的感觉才是最合拍的，且与乘坐快速船（65分钟）相比，普通轮渡（2小时20分钟）更值得体验。因为这两个边境之岛真的很自然、很古老、很神秘，岛上的节奏是慢拍。去这两个边境之岛，别忘了品尝壹岐岛的牛肉、麦烧酒以及海胆盖浇饭，对马岛的冬菇、海鲜石板烧烤、土鸡加海鲜和冬菇火锅。

| 对马岛 |

略微斜卧着的对马岛，南北约82千米，东西约18千米，细长，面积达709平方千米，在日本排行第10位，也是继佐渡岛、奄美大岛之后的第三大离岛。对马岛周围有100多个属岛，有6个是有人岛，其中，除了海栗岛以外，其余的5个岛通过桥梁或者围海造田的方式连接了起来。主岛和属岛合在一起，称为“对马列岛”。对马岛行政上是长崎县下的对马市，下辖6个町，把对马分成了6段。

日本的最西北端，在对马岛上县町棹崎公园面对韩国一侧的高台，这里距离韩国的釜山市只有49.5千米。棹崎公园突出在上县町的北端，是留有炮台的旧陆军要塞的遗址，公园的面积超过72公顷，内有和平广场、日本最西北端之碑、小溪流水园地、自然椿园以及对马野生生物保护中心。

地图上的对马岛，在从南往北，长度约五分之二的地方有一个不规则的断裂。古时是南北相连的一个岛，朝西面由自然形成的浅茅湾开了个大口，东面于1672年开凿了大船越濑户，1900年旧日本海军为了通过舰艇，开凿了人工的水道久须保水道（万关濑户），长长的对马岛分成了南北3个岛，从万关濑户以北称为上岛，南部称为下岛。由此，船舶可以往来于东西海了。

对马岛地势陡峭，经常看到断崖绝壁，其中，有的高低落差100米。对马岛上有名字的山多达172座，海拔500米左右的山有6座。下岛的中央有最高峰矢立山（海拔648.4米），舞石坛山、龙良山等矢立山系围住了内山盆地。其东北有有明山（海拔558.38米），浅茅湾南岸有白岳，上岛的北部有御岳等。

壹岐岛

壹岐岛圆圆的，就像一个倒扣的盘子，东西约15千米，南北约17千米。周围有23个属岛，其中4个是有人岛，19个是无人岛。壹岐岛也是长崎县的一个市，壹岐市下辖4个町，把壹岐画了个十字，分成了4块。在町的下面，还有行政区划单位的“触”和“浦”。从战国末期到明治维新，壹岐是平户藩的领地。日本所有的地区都叫村，村拥有几个“字”，唯独平户领的壹岐叫“触”，江户时代的行政化延续了原来的称呼。壹岐全岛共有99个“触”，这个称呼现在也使用。

壹岐的渔业部称为“浦”，全岛浦的数量有8个，被称为“壹岐八浦”。

商人们集中在浦，浦的功能超出了渔业，其热闹程度压倒了农村部。

胜本浦是壹岐岛北面的中心，仅这一个渔港就有机械化渔船600多艘。直到20世纪60年代，胜本渔民的渔场只是在离这个渔港7里的海面上，称“七里曾根”。“曾根”指鱼集中的好渔场。但是，由于滥捕，鱼少了，胜本的渔民只能去远处，组成船团到北陆海面。

日本海原先与大陆相连，日本本土常见的猴子、熊、狐狸、兔子、松鼠等动物，边境之岛一只都没有。取而代之的是，岛上分布着对马山猫、对马鹿、对马貂、秋窗萤等大陆系的生物，构筑起独特的生态体系。对马山猫，在日本只有这里有，是10万年前从和陆地相连的大陆过来的。2005年时推算生息数80 ~ 110只，被日本环境省指定为濒临灭绝动物的1A类。目前被饲养在野生生物保护中心，但马路的电线杆上，还有“小心对马山猫出没”的黄色菱形牌。

在边境之岛上，还有一些植物也能证明原先与大陆相连，如壹岐的辰岛生长在海岸的崖上的植物，是分布极少的大陆系的植物，被指定为国家的天然纪念物。对马岛还有10月开白花的对洲荞麦，以及树龄1500年、树干的周长12.5米、树高40米的日本最古老的银杏树，据说也都是大陆系的植物。

边境之岛的自然很奇妙：壹岐岛上有一块在黑崎半岛先端的名叫猿岩的高45米的玄武岩，很像背对着的猴子，造型非常自然。无独有偶，对马岛上也有一处酷似猩猩造型的地方，位于纲岛南侧的力之濑，名叫大猩猩岛。

壹岐岛山峦平缓，线条流畅，景色柔美，就像一幅以绿色为主基调的油画，周围是翡翠绿色的大海，岛上分布着7个洁白纤细的沙滩海水浴场。在夕阳下散步，有安静的私人海滩的体验。

在日本的其他地方，农家集中为村落，形成水田农村，但在壹岐，则是一户一户分散的。因此，田野看上去非常辽阔。

| “防人”与烽火台 |

登上壹岐的最高地——岳之辻，海拔212.9米的瞭望台，可以俯瞰岛上的这片绿色，好像在海面上展开的裙带菜，森林形成无数的浓斑点。

“白江村”之战，是在朝鲜半岛的中日第一次交战。朝鲜半岛曾经分为新罗、高句丽、百济三国，互相对抗，新罗朝着统一朝鲜半岛努力时，百济受到新罗的强烈压迫，向日本求救。由于日本的宫廷内外都有从百济过来的人，他们对日本的政策决定产生了很大的影响。于是，装载了军兵的日本船团出兵。日本水军进入南朝鲜的白江村（锦江）的河口，却被等待在那里的唐朝和新罗联合军歼灭，焚烧了400多艘军船，火焰冲天，海水皆红。

大败后，大和朝廷害怕统一新罗军乘胜攻击日本，在对马、壹岐、筑紫（福冈）等地放置了从东国征来的边境守备兵——防人（军队），自备武器和粮食，三年一轮换，从事九州的防备，并设置了烽火台。仅壹岐一岛，从北到南就有 14 个烽火台，每个烽火台有 10 个防人，负责人叫“火长”。

烽火台白天使用烟，夜晚使用火炎。

当防人发现海面有异变点燃烽火时，在对马岛内经过七八个烽火台一路南下，之后经由壹岐到筑紫的太宰府，到达现在奈良公园的一部分的飞火野，通知京城。

壹岐岛上有一块覆盖在建筑物上的、镶白边的、呈现优美的曲线的草绿色博物馆，十分悦目。它由世界闻名的建筑家黑川纪章设计，名为一支国博物馆，分外时尚。

一支国博物馆建在国家特别历史古迹的“原辻遗址”之上。“原辻”是一支国的王都。一支国博物馆集中展示了出土资料，约 2000 件。其中，最夺人眼球的是“人面石”和“金铜制龟形饰金具”。“人面石”是 2001 年从原辻遗址发掘的，在弥生时代后期，用于祭祀，这是目前日本唯一的一件模仿人面的石制品，为国家指定重要文物。另一件“金铜制龟形饰金具”，是把自古以来作为长寿的象征、神仙世界和现实世界结合的动物“龟”作为主题的世界唯一的饰品金具。这也是国家指定重要文物。

小茂田浜

对马岛上白沙碧海的小茂田浜，1274年10月5日元军从这里登陆。

壹岐岛

●壹岐岛上有一块在黑崎半岛先端的名叫猿岩的高45米的玄武岩，很像背对着的猴子，造型非常自然。

●由世界闻名的建筑家黑川纪章设计的一支国博物馆，把一大块天然的草坪披在了灰白色的躯体之上。

肥后国

●肥后国的御家人竹崎季长，让人把自己的战斗情况画了下来，并配以文字说明，共有6个画卷，21幅画，取名《蒙古袭来绘词汇》。

长崎夜景 近代产业遗迹生辉

长崎美丽的夜景，在 2012 年与中国香港、摩纳哥并列为世界新三大夜景；2015 年，与札幌市、神户市并列为日本新三大夜景。长崎的城市被山环抱，城市内有坡，从海岸到丘陵部突然上升，地形造成了它立体的夜景。稻佐山、锅冠山、风头公园等，长崎的夜景观看点很多，尤其以从稻佐山顶（即出了山顶的缆车站后，继续顺着石梯螺旋上行，直至登上顶端）远眺的景色为最。站在最高点俯瞰这座城市，港口的游船，远处的丘陵，住宅的光和道路照明，与近处三菱造船厂的船坞、起重机、建造中的轮船透出的灯火，就像给夜空中闪烁的星团着了色，构成了动态的、号称“1000 万美金”的长崎夜景。

夜景的组成部分主要有小菅修船厂遗址、三菱长崎造船厂第三船坞、三菱长崎造船厂巨人悬臂起重机、三菱长崎造船厂旧木模厂、三菱长崎造船厂占胜阁这五样设施。2015 年，这里成为世界遗产。

长崎县是日本现代工业著名的发源地，以钢铁工业和采煤工业的发展为基础，造船、铁路和航运发展很快，拥有三菱长崎造船厂、佐世保重工、大岛造船厂等大型以及相当数量的中小型造船厂。120 年前，三菱长崎造船厂建造了 6172 吨的大型轮船“常陆丸”，接近了当时的世界水平。这一年建造轮船总吨位达到 10 万吨，日本成为造船大国。20 世纪初，煤产量自给有余。1905 年，日本已有 260 万吨煤出口。

三菱重工长崎造船厂的发展轨迹大致是：岩崎弥太郎继承了因藩改

革计划关闭的土佐藩经营的开成馆，兴办土佐开成商社（以后的九十九商会），进军海运业。他积极投资煤矿、金属矿山、造船以及其他当时国家的重要事业。弟弟岩崎弥之助继承他的事业，设立三菱公司，确立正式的事业。在岩崎弥太郎的长子——岩崎久弥的时代，各项事业兴旺，起到了日本产业界的核心作用。岩崎弥之助的长子——岩崎小弥太继承了父亲的事业，各个事业部从三菱合资公司分离独立，作为株式会社，形成了一大企业集团。目前，三菱重工长崎造船厂拥有世界最大规模百万吨级船坞。在发展其主干产业造船业的同时，研究发展半导体、航空关联产业等新领域。

小菅修船厂是日本现代造船厂的发祥地，是一个具备了以日本最古老的汽发动机为动力的抬高装置的洋式的船坞。船架上铺设轨道，为的是用锅炉型汽发动机的力量把船拽上来，当船连同轨道放在船架上时，看上去像个算盘，人们亲切地称它“算盘船坞”。小菅修船厂是以修理外国船为目的，托马斯·布莱克·哥拉巴和萨摩藩士们一起计划，从苏格兰订购了一套抬高装置，1869年完成的。翌年，明治政府买下该船坞，由长崎炼钢厂管理。1887年起，归三菱所有。把船抬高的小屋子是现存的日本最古老的砖瓦结构的建筑物，被指定为国家级的史迹。

三菱第二船坞宿舍，是当船舶因维修而被送入修船厂时，供船员们住宿用的设施。这是1896年建造的典型的西洋式建筑，上下的阳台靠8根大柱子支撑，站在阳台上可以眺望到长崎的美丽风景。

三菱造船厂内的第三船坞（非公开），经过了历时5年的艰难的工程，凿掉了背后的山崖、填海等，于三菱合资公司三菱造船所的时代1905年完成，是当时远东最大的船坞。经过115年，现在也维持着干船坞的机能，是现役的运转设施。

三菱长崎造船厂旧木模厂，从1985年10月起，利用为三菱重工长崎造船厂的史料馆，展示着从1857年起长崎造船所的前身长崎熔铁所到目前为止证明技术进步的商品和照片等史料900多件，并且通过展示日本最古老的工作机器和用于海底调查的“泳气钟”、日本最早的国产陆用汽轮机等，介绍长崎造船所的历史性变迁和造船技术的发展。

三菱长崎造船厂内的巨人悬臂起重机（非公开）矗立在长崎港的中央。

这是最早设置在日本的电动起重机，有 150 吨的向上吊能力，用电动马达驱动。目前也是大型产品出货时活跃的现役设施。

三菱长崎造船厂内的占胜阁，是日本人设计的西洋现代建筑。1903 年作为长崎造船厂厂长莊田平五郎的公馆建造。翌年完成。木结构二层楼（地下是砖瓦结构），二楼是寝室和大厅等，一楼有食堂、会客室、书房等，地下是厨房。三菱管理、保持了创建当时的状态。这组遗产，从 JR 长崎站前乘坐往野母半岛方向的长崎巴士 15 分钟，在小菅町下车，步行 5 分钟即可到达。

从 6 个町开始的长崎的城市，随着贸易的发展，填埋海岸和河口，城市扩大。因 1663 年的大火，长崎市的大部分被烧毁。根据新的城市规划，城市扩大，最终分割成 80 个町，持续到幕府末期。贸易的官厅和设施也得到了新的整备，收纳从中国来的进口品的新地仓库、办理出口品的官厅和铜座、对马藩和萨摩藩的仓库等，长崎市内布满了重要的贸易据点。

重视长崎的明治政府，把九州镇抚总督府设在了长崎，把旧长崎奉行所立山役所作为政厅，改为长崎府，1869 年诞生了长崎县的名称；经过反反复复的合并与分割，1883 年形成目前的行政区划。

通过开设海军传习所和安政开港，长崎在造船、矿业、医学、印刷、语言学等各个方面力量增强，在设立这些设施中，不仅幕府和各藩的代表人，长崎的很多人都参与其中，构建了走向日本现代化的基础。

从一手拿着从荷兰语翻译过来的资料，一边反复摸索实验，挑战铸造铁制大炮和模仿西洋船，日本开始了产业革命。引进西方技术，学习运用技术的专业知识。在日本国内培养人才，对引进的西方的科学技术加以改良，以适合日本的需求和社会传统，建立了产业经济的基础。日本在短短的 50 年时间，没有沦为殖民地，用自己的双手成就了产业化。

前述三菱长崎造船厂相关的 5 项和海底煤矿相关的 2 项，加上长崎市内的哥拉巴园共 8 项，是 2015 年 7 月 5 日在德国召开的第 39 届世界遗产委员会，决定登上世界遗产名录“明治日本的产业革命遗产：炼铁、制钢、造船、煤炭生产”中长崎的构成资产。这些从 1850 年至 1910 年建造的建筑物群，代表了从西方波及非西方的产业化，证明了世界史上罕见的产业化的局面。

作为重工业领域的产业遗产，在日本是首次登录。这一世界遗产，由 23 项资产组成，其中 8 项目前还在运转，用景观法和港湾法等保护。

日本产业革命的进程，可以追溯到明治维新。由于此时欧美先进国家已经完成了产业革命，以重化学工业的发展为基础，成立了垄断资本主义体制，欧美列强正在瓜分世界，因此，日本在明治维新中提出了“富国强兵”“殖产兴业”“文明开化”的目标，1868 年至 1885 年，日本在接收幕府和各藩经营的军工厂和矿山的基础上，引进英国等西方先进国家的技术设备，聘用外国专家和技术人员，建设了一批兵工厂、采矿场，以及以生产纺织品、水泥、玻璃、火柴为主的民用“模范工厂”。这批官营企业的建立，标志着日本产业革命的开始。小菅修船厂和两个海底煤矿岛，就经历过被明治政府买下、官营的过程。

1883 年建造在长崎市上町，后移筑于此的长崎地方法院机关宿舍，是长崎唯一一座保留至今的居留地以外的官用洋式的宝贵建筑。内部由日本人设计，既有铺地板的西式房间，也有铺榻榻米的起居间。

南山手町有街景保护中心，展示着明治中期长崎居留地的模型（500:1）、居留地时代的旧照片等与街景相关的资料和提供录像等信息。

东山手也有历史悠久的西洋式建筑群和街景保护中心，仅以与哥拉巴相关的旧斯蒂尔纪念学校为例，便可看出其历史性价值。

旧斯蒂尔纪念学校是 1887 年建在东山手的丘陵上的教会系统的学校，一楼展示着哥拉巴家族的照片，还展示着日本四大鱼谱之一的《哥拉巴图谱》。这是哥拉巴之子仓场富三郎在引进蒸汽拖网渔船的过程中见识的拖网捕获的各种鱼类，自费编纂的鱼谱。

哥拉巴园、大浦天主堂、香港上海银行长崎支店都在同一个站，路面电车为“大浦天主堂”站，巴士为“哥拉巴园”站，参观可以放在同一个时间。

今天，多岛的长崎县的一部分地区，如曾经因煤矿而热闹的离岛——伊王岛等，呈现出人口过疏化的现象，长崎县完全不如福冈县有活力。

长崎是港口城市，三面环山，地势限制，住宅建于山坡地上，依山势而层层叠叠。电车在山脚下港湾边上，我们在长崎站的观光案内所买了市内电车一日通票，500 元 / 人，结果发现其实长崎很小，景点都很近，电车站的两头，一边是和平公园、浦上教堂；另一边是出岛、东山手哥拉巴园，景点之间也就是走两步拐个弯的事情。

走在山坡的坂道上，看不到热闹的街景，寂静得仿佛在沉睡中。天色一直都是灰蒙蒙的，又下起了小雨。此时一首以日本长崎为背景的伤感情歌《长崎今天也下雨》（邓丽君演唱的《泪的小雨》）在耳边响起：

为了你一人付出了全部感情，相信了你对爱的誓言，寻找，再度寻找，一个人，一个人在彷徨徘徊，难过地行走在铺石路上，啊，长崎今天也下雨了。

地理环境上，长崎是山岳地带，整体上是温暖多雨的海洋性气候。气温受到暖流的影响一年中温差较小，平均17.2℃，是日本国内雨量较多的地区。“长崎今天也下雨了”，是失恋时的伤感，是一种都市情怀。

在雨中的长崎，回忆着逝去的一段恋情，失落着。

日本政府通过贯通隧道和架起桥梁等方式，解决了百姓的出行问题后，近年正在通过优惠贷款等方式，从政策上、财政上扶植这些地区的振兴，借用稻佐山登山缆车的导游词“长崎是世界遗产的城市”为长崎县的振兴鼓劲，愿通过不断获准登录世界遗产名录，引起人们对昔日的回忆，找回自信。

| 军舰岛 |

还有一景只有白天才眺望得到，也是世界遗产，那就是曾经有海底煤矿的高岛和端岛。两个岛都在长崎市（旧高岛町）的长崎半岛西面的海面上。端岛比高岛更往西南约2.5千米，位于从长崎港往西南约19千米里的海面上。

高岛1695年发现煤炭，从19世纪初起由佐贺藩采煤。1869年4月，在近海岸的低地开采了日本最早的使用汽发动机的竖坑，引进欧洲最新技术和机器的北溪井坑，深约43米、日产煤300吨。作为日本初期的现代性的煤矿设施，拥有很高的价值。

端岛远望像停在海面上的军舰“土佐号”，因而被称作“军舰岛”。

军舰岛1810年左右发现煤炭，那时，它只是个寸草不生的水成岩的浅滩。从1897年至1931年，进行了6次填海造田，反复进行护岸堤防的扩张（用石灰和红土搅拌成黏结剂，把大块的石块垒起来），厚厚的石垒成了军舰岛独特的景观。

1869 年，长崎的六海商社着手开发军舰岛。1941 年，达到年出煤最高纪录 41.11 万吨。从 1891 年到 1974 年关山为止，采掘了煤炭约 1570 万吨。在海底煤矿军舰岛的采掘作业，及至海面下 1000 米以上的地点，在坡度陡峭，气温 30°、湿度 95% 的恶劣条件下，工作经常伴随着瓦斯爆炸的危险。

随着出煤量的增加，人口也增加，1916 年这里建造了日本最早的钢筋水泥高层住宅，最多时，岛上住着 5300 人，人口密度是当时的东京都的 9 倍。

从建筑物一览表上看，共有 71 座建筑物，包括神社、寺院、警局、理发店、员工俱乐部、老人俱乐部、幼儿园、中小学、体育馆、游泳池、医院、商店、弹子房等娱乐设施。除此以外，还有露天市场等。由于缺乏绿化，学生、家长等配合，把泥土运到宿舍的屋顶上，养花种蔬菜，据说，这是日本第一个屋顶菜园。

岛上确保居民用的水电。开始时供给岛上自己发的电，1918 年起从高岛铺设了海底电缆，开始送电。开始时饮用蒸馏的海水，以后用船运，积攒在蓄水槽里，从几处公共水栓配给。泡澡水用煮沸的海水，泡完以后冲洗的水用淡水。随着能源革命，能源的需求从煤炭转向石油，出煤量和人口都逐渐减少，1974 年 1 月 15 日煤矿关闭，成为无人岛。

军舰岛可以远望，也可以近观。

远望，是从长崎市野母町的山坡上眺望。那一带的海岸建成了公园，同时拥有两块牌子，一块是野母半岛县立公园，一块是水仙公园。园内有游泳池等很多运动设施。小山上种植了约 1000 万株水仙花。坡顶上还有一块“香味风景 100 选之地”的牌子。据介绍，这里作为水仙之乡，2001 年 11 月 12 日由日本环境省选为长崎县唯一的“香味风景 100 选之地”。

野母半岛县立公园、水仙公园的对面，是长崎市军舰岛资料馆，用影像、照片等较为全面地介绍了军舰岛。从长崎站前南口乘坐往桦岛或者岬木场方向的 30 路长崎巴士 50 分钟，到野母崎运动公园站下即可。

近观军舰岛，是乘船在周围的海上转一圈或者登岛。转一圈包括到访造船和煤矿的现代化产业遗址群，看美丽的大海以及高岛、伊王岛。

目前有 5 家公司承办登岛线路，分别从不同的地方出发，运行日期和所需时间各不相同，均需预约，最长的 3 小时 15 分钟。登岛线路可能会与游客的期望有距离，军舰岛上只有废弃的钢筋水泥建筑物，而且行走的范围受限制，因为有倒塌的危险。

丨哥拉巴园丨

长崎县这组世界遗产的构成资产中的哥拉巴园，是以国家指定的重要文物——旧哥拉巴官邸、旧林格官邸为核心，把长崎市内的 6 处 19 世纪的西式建筑移建复原的。

哥拉巴园位于南山手丘陵上，是长崎的浪漫之地。由于长崎有坡的地形，所以，园内设有如机场候机楼内似的电动步行路和电动扶梯，园内由壁泉、石垒形成的环游路环绕着。哥拉巴园一年四季都有鲜花盛开，夜晚的景色，更是被认定为“日本夜景遗产”（2015 年）。在大浦天主堂接受了隐修基督徒被流放、遭压迫，依然坚持信仰的教育后，绕过教堂的后院，眼前展现出一派异国景色，阴郁的心情立刻开朗。原来，大浦天主堂与哥拉巴园同在一处。这里约有 10 幢观赏性极强的建筑物，分别是哥拉巴、林格、奥尔特、华克等，它们为日本的产业发展做出贡献，为长崎外国人居留地提供住所。这里还有歌剧《蝴蝶夫人》的作曲者三浦环以及原作者普契尼的像，有日本最早的西餐馆“旧自由亭”，从坡顶上可以眺望长崎港。

托马斯 · 布莱克 · 哥拉巴出生于苏格兰。1859 年，适逢长崎开港时他抵达长崎，设立了哥拉巴商会。那一年他 21 岁。在幕府末期激烈变革的时期，他暗地里支持仁人志士们，帮助伊藤博文等人留学英国，不惜为年轻人提供大量的援助。明治以后，他又作为一名纯粹的经济人士，帮助日本引入现代科学技术。

哥拉巴不仅进口武器和船舶、出口茶叶等，而且与萨摩藩共同建设了日本现存最古老的以蒸汽发动机为动力的具有滑道式船坞的小营修船厂；与佐贺藩共同开发了日本最早在采煤中引进起蒸汽发动机的高岛煤矿；与西南雄藩合作引进西方技术等，还是日本的国产啤酒之父，麒麟啤酒的胡须就源自哥拉巴之须。哥拉巴对日本的造船和煤炭产业的现代化做出重大贡献，明治政府基于他的功绩，于 1908 年授予哥拉巴荣誉勋章。

哥拉巴之子仓场富三郎供职于霍姆林格商会，他引进蒸汽拖网渔船，为振兴日本水产业，为设立日本首家公共高尔夫球场“云仙高尔夫球场”，都做出了巨大贡献。

哥拉巴于 1911 年 73 岁时告别人世，现在和妻子慈露、儿子仓场富三郎夫妇一起，长眠于长崎市的坂本国际墓地。

哥拉巴故居建造于 1863 年，是这片外国人居留地内最早的建筑物，也是日本现存的最古老的木结构西式建筑。一切都那么精致：平房样式、扇形的屋顶上铺瓦、砖烟囱、殖民地时期风格的大型窗等。哥拉巴把房子建在这里，为的是可以看到对岸长崎制铁所（三菱造船厂的前身）。不设正门的三叶草型建筑，令人联想起南国的木结构房屋，小山秀之进把日本传统建筑技术和英国维多利亚式风格融为一体，1961 年 6 月 7 日，被日本国家指定为重要文物。故居内展示着哥拉巴和妻子慈露的照片，以及他爱用的狗熊手杖等。

奥尔特故居建造于 1864 年，是长崎现存最大的石结构西式建筑，向海港方向伸出的山形屋顶的门廊，支撑着宽敞游廊的天草石柱，壮观华丽，也是国家指定的重要文物。建造者与哥拉巴故居、大浦天主堂是同一人：小山秀之进。威廉・奥尔特出生于英国，日本门户开放时抵达日本，设立了奥尔特商会。他与长崎的三大女杰之一的大浦庆合作，在九州一带购买茶叶从事出口活动。制茶叶使他获得了巨大的利益。

林格故居是座三面有游廊的木结构建筑，游廊的地面用的是从海参崴运来的黑花岗岩。支撑游廊顶棚的方柱用的是天草石料。这是一座木石合璧的罕见的木架石造建筑，是国家指定重要文物。福莱德里克林格出生于美国，1864 年左右抵达日本，在哥拉巴商会工作后，和英国人霍姆共同创立了“霍姆林格商会”，并开设了为居留地的外国人和市民们提供交流场所的“内外俱乐部”。他从事的事业非常广泛，有长崎的上水道建设、外国贸易、代理店、制茶、制粉、发电等，他在大浦海岸大道旧香港上海银行长崎支行旁边建的长崎宾馆，是当时亚洲一流的酒店。

华克兄弟出生于英国，威尔逊华克与哥拉巴一起创立了日本酿酒公司，就是现在麒麟麦酒株式会社的前身。华克故居于明治中期毗邻大浦天主堂而建，日本式的屋檐沿房顶伸出，这些细节表现出主人对日本风格的喜好。

长崎夜景和军舰岛

●稻佐山海拔约333米，登上位于山顶的展望台，长崎市内全景尽收眼底。天气好的时候甚至可以眺望到云仙、天草与五岛列岛，这里也是观赏长崎夜景的最佳地点之选。

●祈祷之丘美术馆在长崎荷兰坡通往大浦天主教堂的路上，由一家有历史的书店所开设，有着开阔的庭园以及童话般的小屋，是世界上八大绝美的绘本美术馆之一。

●端岛远望像停在海面上的军舰『土佐号』，被称作『军舰岛』，1810年左右发现煤炭。

平和公园

『和平祈念像』由日本著名雕塑家北村西望创作。这尊青铜男神像右手指天，象征原子弹爆炸的恐怖；左手平伸，象征祈祷安定和平。

哥拉巴园

●哥拉巴故居是整个园中年代最为久远，也是最有代表性的木造洋房。

●站在三菱第二船坞宿舍旧址，西式洋房前修建了一大片池塘，站在二楼可以俯瞰整个长崎港。

●希泊尔特故居。

●哥拉巴园里日本西洋料理发祥地：自由亭。

中岛川石桥群与鲸料理

在品尝过的九州各地风味中，最令人回味和津津乐道的，要数长崎的鲸鱼和熊本的马肉。

留意到长崎的鲸，是在一个偶然的赏桥的机会。

流经长崎市区的中岛川，从 17 世纪长崎的城市扩大，构建了护岸起，形成了目前的形状。由于引进唐文化，兴福寺等佛教寺庙相继建成。江西省建昌府建昌县人墨子如定 1632 年到日本，于任兴福寺的第二代住持时的 1634 年，在鱼之町、荣町和诹访町、古川町之间的中岛川上架设了一座中国唐代风格的桥。桥长 22 米，宽 3.65 米，到河面为止的高度为 5.46 米，在目前的中岛川上排列顺序为第 10 座桥，也是日本最古老的拱形石桥，1960 年被指定为日本国家级的重要文物。据说东京皇宫的二重桥，就是以它为模型的。由于映照在河面上的倒影构成两个圆圈，很像一副眼镜，因而得名“眼镜桥”。

眼镜桥和江户的“日本桥”、岩国的“锦带桥”，并列为日本三座名桥。

继眼镜桥之后，长崎在墨子如定的技术指导下架设了一系列的石桥，先后落成“堂门”“玉带”“高丽”的三座桥后，第五座是唐大通事陈道隆于 1653 年自费架设在中岛川上流本河内溪流上的“一之濑桥”，“一之濑”意为开始的第一个地方。以桥为中心的这一带被称为“一之濑口”，过去相当于从旧长崎街道进入长崎的大门，有萤火虫乱舞的茶室，路面电车的终点站设在这里，站名就叫“萤茶屋”。桥下设置着从旧长崎街道、长崎到谏早的路线的指南牌。

在墨子（如定）的技术指导下架设的第六座桥，是由唐通事林守壂于 1654 年自费架设在鸣泷川上的原名叫“中川”的桥，相当于从一之濑通往熊本县樱马场的长崎的大门。1918 年在下流新架了中川桥，此桥改名为“古桥”。桥侧壁石的加工法独特，也是一座有观赏价值的古老的石桥。

漫步在中岛川周围，可以与水、花草以及鸽子、白鹭、野鸭子、鲤鱼、甲鱼、香鱼等的生物不期而遇。中岛川上的多座石桥，形成了一个古老的石桥群。桥成了长崎的一景。

长崎的桥名诉说着各自的故事。“鱼市桥”是因为从前附近有个鱼市场，过这座桥运来在长崎港捕获的新鲜的鱼。在死刑囚犯游街的必经桥的旁边建了阿弥陀堂，因此，桥名为“阿弥陀桥”。“草笠桥”之名来自从前武士们戴着草笠遮掩脸面过桥去烟花巷。还有取名于武士们驻足思量，到底要不要去的“思案桥”，以及当犹豫着过了桥，在看得见烟花巷入口的另一座“思切桥”前做出决定。“思切”在日语里是想开、断然的意思。在相隔步行 10 分钟距离的一棵柳树下，可以看清栏杆上刻着“思切桥”的字样。

锁国时代，长崎因荷兰、中国的贸易而繁荣，“思案桥”靠近丸山妓院街，除了当地人外，还有各国的人往来，因此从土桥改为木桥，从木桥改为有屋顶的木廊桥。目前，只留下了栏杆的痕迹。有长 100 余米，宽不过 3 米的一条可以贯通的小巷。巷外几步之遥，便是武士们需要戴上草笠方敢进入的妓院区。1642 年散居在市内的妓院被集中在这里，成立了政府批准的妓院街“丸山町”和“寄合町”。跨过思案桥，可以抵达这片妓院区。

小巷的两头都有牌坊，其中的一头，有“思案桥”三个大字的上面，还有精湛别致的人物造型和乐器，示意这里来往的人和洋溢的艺术氛围。据说，这些都是活跃在长崎、繁荣长崎的历史，当然，也是经常去丸山的人。

丸山与江户的吉原、京都的岛原齐名，是日本三大烟花巷之一，但长崎丸山的烟花女们被允许进出唐人屋敷和出岛的荷兰商馆，与唐人和荷兰人有交流，这一点“优越”于当时的其他地方的烟花女。而且，就像当时流行“江户的票子，京都的气量，长崎的衣裳，一切条件具备”的话那样，丸山烟花女的衣着华丽，更显姿色。各地来长崎的商人们在贸易中赚了钱，把些许钱留在了长崎的丸山后才回各地的家。

丸山町沿街的妓院为木结构的二层楼建筑，保留着当年的风貌。在二楼的窗外，为方便来此寻花问柳之徒，妓院用悬挂写有人名的灯笼的方式，公示着艺妓的信息，并用深浅不一的红色来标明该艺妓在此的地位。

实际上，对于进这一区域的妓院有所顾忌的只是一般的武士，倘若地位高，不仅可以堂而皇之地出入，而且还能将艺伎捧红并令后人垂青。寄合町上的“花月”，就是由于文人墨客经常光顾，整个院子，包括庭院、建筑物、料亭（高级酒家）在内，被指定为长崎县级的史迹。

思案桥两侧，酒店林立。一家名叫“杂鱼屋”的，门口放置了一组招牌，右侧是硕大的印刷招牌，在其左下方，写着“鲸料理”；左侧的架子上，摊开了一份图文并茂的菜单，架子下方挂着的藏青色布，上书“くじらあります”（有鲸鱼）以及“鯨のまち長崎”（鲸的城市长崎）。三种招牌错落有致，融为一体。几百年来，思案桥虽然经营的内容和客户层大为改变，但它的揽客方式——包括牌楼的设计——依然独具匠心，对路人的诱惑力度依然不亚于当年。

日本人有组织的捕鲸记录出现在室町时代末期，开始时在和歌山、高知、九州北部等地进行，这和当地没有其他突出的产业、海盗和水军猖獗有关。以壹岐的捕鲸为例，鲸鱼初冬从鄂霍次克海经过日本海，南下东海。早春从南到北逆上。由于这些南下鲸、北上鲸的通道在壹岐，壹岐形成了许多捕鲸集团“鲸组”以及捕鲸的基地。其中，惠美须、胜本的田之浦是最好的捕鲸基地。“鲸组”的规模有 800 多人。

长崎的东彼杵町自江户时代起就是日本有名的捕鲸基地。

日本有过很长的一段禁止肉食的时期，在禁止肉食的时期，鲸是被当作鱼看待的，是允许被食用的。

早期的捕鲸主要为了提取防除水田蝗虫的鲸油。鲸肉被认为像兽肉而忌讳。古代的日本人很少食用鲸。不久，随着捕获数量的增加，捕鲸人和商人、藩政联手扩大销路，以关西为中心，从此，捕鲸商业色彩浓厚，成为一大产业。主要目的是把鲸油出口到欧洲，赚取外汇。以后，在历次战争中，商品价值低的鲸肉，作为军用粮食，日本在殖民地朝鲜半岛建立了罐头工厂，鲸肉罐头被送到占领地和前线。

第二次世界大战结束后，日本国内粮食缺乏，鲸鱼肉曾经是重要的粮食补给，作为营养午餐的蛋白质来源之一，老一辈的日本人因此对于鲸肉存有眷恋。当今大量优质的禽畜肉类取代了鲸肉，但日本人对食鲸的文化传承与情怀是难以割舍的，部分市场仍可买到生肉、熟食或鲸鱼罐头。

日本人的捕鲸屡屡遭到其他国家动物保护组织的抗议，但日本人则认为，鲸是岛国日本不可或缺的动物蛋白源，是日本民族固有的传统食文化，是对过敏性体质有效的健康食品，是把地球从粮食危机中拯救出来的救世主。

鲸在长崎是喜庆之物。长崎每年 10 月的 7、8、9 日都在諏访神社举行秋季大祭——“长崎供日”，据说起源于 1634 年两个艺妓在諏访神社的神前奉纳谣曲“小舞”，在长崎奉行的援助下，逐年兴旺。以后，在舞蹈中加入了许多异国趣味的元素，从江户时代起，作为豪华绚烂的祭礼受到好评，目前，是日本国家指定重要无形民俗文物。“长崎供日”每 7 年上演一次万屋町的“鲸喷水”。

长崎的鲸，又称勇鱼。在武士时代，大海和鲸都是强大、难以征服的象征。只有极具力量、勇气与智慧的人才能驾驭。

长崎人嗜鲸大致源于江户时代。当时，长崎聚集了来自全国各地的人，热闹非凡。鲸均在大湾村的东彼杵卸货、解体，运往九州各地。在这过程中，鲸好的部位运到了出得起高价的、富裕的长崎。由于距离最近，长崎收到时很新鲜。因此，鲸美味这一认识在长崎传播开来，食鲸文化发展到了在其他地区无法闻见的程度。这一风俗持续到今天，长崎新年的餐桌上有鲸，婚宴上有鲸，长崎县的鲸的年个人消费量在全日本最多。

鲸，日本人视之为最大的鱼，它有着支撑惊人的运动量的氨基酸，脂肪少，是健康的高蛋白食品。长崎人使用鲸的精肉、尾部、小肠、舌头、皮下脂肪块、心脏，做成刺身（切片生吃）、寿司、炸鲸排、炸鲸块、天妇罗（面托）、火锅等，还加工成干物。家庭内较有代表性的是鲸肉烧土豆，还有把鲸肉腌制或者烟熏成培根，与蔬菜一起炒着吃。鲸的尾部适合做刺身；心脏适合做佐酒小菜；鲸须适合做色拉等。鲸的全身都可以利用，除了食用外，脂肪还可以做燃料，皮可以做防寒用具，以及其他生活用品。目前商业性的捕鲸遭到了极大的限制，产量减少，鲸变得越发稀有。

“杂鱼屋”的总部设在离港口近的佐世保市，专门经营九州当地的鱼和时令菜。这里的鱼来自九州屈指可数的海鲜的宝库——玄界滩、五岛滩。他们直接到渔船和鱼市场进货，等待签约渔业者的船从渔场返航，挑选并购入刚刚捕捉到的新鲜的鱼，用专用的活鱼车当天送抵店铺。店铺虽然开间不大，两间门面，但有一定的进深和五层的楼高，在这条巷子里规模不算小，从 4 ~ 6 人的单间到容纳 50 人的榻榻米的大宴会厅，既有可以伸腿的下挖的和室单间，又有洋式单间。整个的五楼是个大宴会厅。六楼屋顶有个带庭院的单间。

“杂鱼屋”灯光昏暗，娴静舒适。菜肴味道鲜美，装盘色彩协调，富有美感，感觉上乘。思案桥以鲸料理为招牌的仅此一家。在长崎，还有其他做得出鲸全席的酒家，人气极旺。我们从离 JR 长崎站不远的居酒屋“炉谈”获取了一般性的单品的价格信息：涮鲸肉 2000 日元（约 120 元）；鲸的精肉刺身（1 人份）1200 日元（约 70 余元）；鲸的三拼盘 2400 日元（约 140 元）。而且，长崎餐饮业的有些店员比其他地方的男女更加帅气和妩媚。

鲸肉的营养价值不能一概而论，因为鲸的体形庞大，不同部位的营养参数也不一致。可以说鲸肉的脂肪含量高，但主要集中于皮下脂肪。而红肉部分却是高蛋白低脂肪的食品，甚至比牛肉的脂肪含量还要低。另外，鲸脂中富含 DHA（十二碳六烯酸）与 DPA（二十二碳五烯酸），这些是对人体极有助益的不饱和脂肪酸，其含量要高于金枪鱼以及其他兽肉。须鲸类不进食依然可以长距离迁移，是体内二肽（缩二胺酸）、咪唑二肽的功效。

鲸寿司是近代的产物，鲸肉兼具鱼的风味与肉的口感，作为寿司种与醋饭舍利也很搭。江户前手捏寿司的魅力就在于一口一个的满足感，寿司种与舍利交织的美味填满着口腔与舌头，那摄人魂魄的美味征服了无数像作者一样的寿司控。

鲸肉火锅有独有的名字，即“ハリハリ鍋”，是大阪的代表性鲸料理，主要的定番食材有鲸肉和水菜，汤底是标准的和风出汁（鲣节 + 昆布），调味并不固定，常见的有酱油、味醂、砂糖、调理酒等，依个人喜欢还可以加入山椒粉、七味粉、柚子等。

眼镜桥和花月

眼镜桥和江户的『日本桥』、岩国的『锦带桥』，并列为日本三座名桥。由于桥映照在河面上的倒影构成两个圆圈，像一副眼镜，得名『眼镜桥』。

寄合町上的『花月』，就是由于文人墨客经常光顾，整个院子，包括庭院、建筑物、料亭（高级酒家）在内，被指定为长崎县级的史迹。妓院成了文物古迹，不可思议！

鲸料理

思岸桥『杂鱼屋』前的鲸料理招牌。长崎是鲸的城市，鲸在长崎是喜庆之物。长崎人嗜鲸大致源于江户时代。

鲸喷水

『长崎供日』，每年7月上演一次万屋町的『鲸喷水』。长崎的鲸，又称勇鱼。在武士时代，只有极具力量、勇气与智慧的人才能驾驭鲸。

Chapter3

熊本

火山与武士共存

熊本县地处九州的十字路口，熊本市在日本中世纪有着重要的地位，16 世纪以后先后由加藤清正和细川家族统治。熊本城堡是日本最漂亮的武士城堡，是日本重要的历史保护建筑，也是熊本标志性的观光景点。

熊本城 武士攻不破的城

熊本城为天下名城，孕育了武者攻不破，让武士退返的日本励志故事。攻城的武士不是凡人，而是日本家喻户晓、赫赫有名的西乡隆盛。在 1877 年西南战争时，在此发生了熊本城之战役，所向披靡的西乡军队围攻熊本城 53 天却只得退回，熊本城因此扬名天下，让最后的武士西乡隆盛败倒。

神奇的是就在西乡军队总攻城前的夜晚，熊本城内突然燃起大火，伴随强劲风势，熊本城 2 座天守阁旋即烧毁，城池大部倒塌，只是零星剩下几座橹（箭楼）、城门、塀等 13 处遗迹。这并不是好兆头。

西乡军队以擅长战斗、奋勇争先、不怕死的武士而闻名。熊本城征召而来的平民兵则凭借器械，利用从城池的“栅”发射弹丸，双方相持不下。熊本城内官军虽然只有 4000 人，面对西乡军队的敢死武士，却凭借优势武器与坚固城池与西乡隆盛继续鏖战。眼见强袭不成，西乡隆盛留下 3000 人继续围攻熊本城，主力部队转而与城外围的官军援军作战，导致了攻城被拖延。

围困熊本城消耗了西乡军队大量的精力与时间，被驰援而来的官军切断了退路，导致西乡军队不得不全线溃败。经历熊本城败绩，西乡军队再未重整旗鼓。世传西乡隆盛在决死前留下了一句很有名的话:“我（西乡）不是败给了官军而是败给了清正公。”

清正公就是建造熊本城的筑城名家加藤清正，是丰臣秀吉手下的名将，熊本城是他亲自设计建成的。

借山造城是日本城堡最大的特点，省却了大量的工时与人力，却巧妙地把一座山丘自然之力通过人工手段整体发挥出来。巨大的熊本城垣有 20 米高，是塑造熊本城的景观要素。“清正流”的石垣，宇土橹等现存的建筑，威严再现的复原天守，以及采用木造复原的橹和门都矗立其间，这些当年清正公目睹的熊本城都已复苏。

熊本城是典型的战国后期流行的平山城，就是修筑于丘陵，坂坡上的日式城堡，两旁还有井芹川、坪井川、白川三条河流交汇。除去依山造城、凭水挖河、建筑瓮城等基础项目之外，凭借蔚山倭城的丰富经验，加藤清正还大胆改良既有筑城方法，在石墙建设之中广泛采用所谓“清正流石垣（石墙）”。

清正的石垣要比一般石垣更倾斜 15°，将中心做成了内凹型，敌人就更不容易架梯爬墙；即便勉强爬上石墙，内凹型墙壁也使得泼洒热油的覆盖面更大；即便能躲过热油，石墙最上方还有铁串倒刺。正因易守难攻，熊本城石垣也被人称为“武者返还”。

最后是熊本城外郭，由东平御橹至西马具橹的长塀，共 242 米长，连塀带垣 12.5 米高，是日本现存最长的城塀了。

橹，是城的防御据点，有防御眺望的多种功能，承担警戒和储存武器的任务。主要的防御地点一般建有二重橹或三重橹。熊本城天守以外的橹、门的屋顶少见弯曲，大多数为直线。多重橹全为望楼型。当中以宇土橹最高，甚至被称为“第三座天守”。

后来，代替加藤氏为城主的细川氏对城郭进行了修复和扩建，修筑了城池，鼎盛时期共有 49 座橹，18 座橹门和 29 座城门，方圆 5.3 公里，在当时是令人难以想象的名城。这些修筑，在 1877 年的西南战争中，熊本城经住了西乡隆盛部队的围攻，展现出不破之城的坚固防御。

与其他城市相比，熊本在江户时代是一座一直扩张的城市。在细川忠利入主熊本之后，立刻开始增筑本丸，进而开辟二之丸、三之丸等外城，依然在段山一代修筑城墙与橹。到幕末为止，不算中间曾经历火灾的森本橹，橹的数量增加到 62 座之多，这在日本城池历史上也属罕见的。

从江户时代到明治时代，熊本都是九州的第一大城，因为位于九州的地理中心，并于 1889 年设置为熊本市，为全日本第一批设置为“市”的城市之一。

1960 年，即熊本筑城 350 周年之际，熊本市政府宣布对熊本城进行外观复原，集资 1.8 亿日元重建两座天守阁与平橹、塀等建筑；2007 年熊本市再度出资复原西出丸塀、南大手门等建筑。这便形成了如今的旅游胜地熊本城。

1889 年 7 月 28 日，熊本县西部遇到过一次里氏 6.3 级地震，全县有 20 人罹难，239 栋建筑倒塌。熊本城也受到损害，本部石墙、火药库、炮台都不同程度受到损害，熊本市内也引发了一阵巨大恐慌。

时间过了 127 年，熊本又一次遭遇同样地震。2016 年 4 月 14 日，熊本县发生最大震级里氏 7.0 级的一系列连环地震，造成大量人员伤亡和财产损失。其中，作为日本国家级重要文化财产的阿苏神社和日本三大名城之一的熊本城在地震中毁坏严重。

现在的熊本城尚在修复之中，无法进入本丸（即最里面的主要建筑物），本丸一般是城主的居所和军政中心，天守阁建在本丸。因此我们只能从二之丸广场和加藤神社远远地眺望，在加藤神社能够看到它的侧面，依旧很壮观，依旧有气势，只是目之所及，散落的石块、隔离的围栏、大天守上的脚手架，让人唏嘘感叹。

日本最重要的文化遗产被称为“国宝”和政府重要文化财。保护文化遗产最重要的原则是维护原真性。据说地震前当地政府曾为每一块石头都做过编号，震后便组织收集散落在地上的石块，根据震前拍摄的照片和记录，按照形状和大小寻找每一个编号的石块，采用最先进的图像处理技术以确认每个石块的摆放位置。

要彻底完成熊本城的修复依然需要相当长的时间。整个修复工作预计将花费 634 亿日元，耗时大约 20 年。“熊本重建复兴专家会”向政府提出建议和具体的重建计划。通过各种具体措施，减轻受灾群众的痛苦，提倡超越原状修复的“创造性复兴”，化灾难为机遇，争取实现当地的进一步发展。一边修复，一边观光。

在江户时代，加藤清正在日本民间成了人们顶礼膜拜的对象，加藤清正给后世留下的最伟大的纪念碑莫过于那雄伟的熊本城。

你可以绕着熊本城一圈，去寻找最佳观景点，绕到公共广场可以看到它的正面，最后还可以登上熊本市役所观看它的全景。

熊本城下还有一处叫作樱之马场 • 城彩院的地方，其实就是一个新开设的观光交流区，樱之小路则重现了江户时期街景，并集合了熊本县精选的 23 间当地料理，供游客在这个充满了怀旧风情的街区购买手信、尽享美食。有一家熊本县 800 年历史的豆腐作坊，有豆腐酒、豆腐冰激凌。

清正公

清正公是建造熊本城的筑城名家加藤清正，是丰臣秀吉手下的名将，熊本城是他亲自设计建成的。

清正公手植银杏树。

熊本城

熊本城修筑于丘陵，是坂坡上的日式城堡，两旁还有井芹川、坪井川、白川三条河流交汇。

宇土橹

橹，是城的防御据点，有防御眺望的多种功能，承担警戒和储存武器的任务。

阿苏 火之国流淌黑白川

阿苏的最大魅力就在于大自然景观，东西横跨约 18 千米，南北纵贯约 24 千米，这里的特点是巨大的火山臼（火山活动形成的凹地）地带和周围雄伟的大自然风景，已被认定为“世界地质公园”，中心区域形成了 5 座山峰“阿苏五岳”。

熊本的水号称是日本最好喝的水。阿苏山有很多水源，这些水源都是雨水落在阿苏山上，经过长年累月的地层过滤，变成清洁的地下水后喷涌而出的。其中，白川水源的透明度高且水质优异，十分有名。

丨阿苏的山丨

阿苏最有代表性的山，位于九州地区中部，名字就叫阿苏山。

阿苏山主要由玄武岩构成，是活火山，处在西日本火山带的火山前线上，属于熊本县。九州的大片区域，因阿苏山而古时称为“火国”。日语的“火国”和“肥国”发音相同。7 世纪，肥国分成了肥前国、肥后国。肥前国是今天的整个佐贺县以及除壹岐、对马二岛以外的长崎县。肥后国就是现在的熊本县。

通常所说的阿苏山，包括拥有东西 18 千米、南北 25 千米的世界最大级的破火山口的外轮山和在破火山口内喷发的中央火口丘，是典型的复式火山。

阿苏山以高岳的海拔 1592 米为最高点，高岳与根子岳（1433 米）、中岳（1506 米）、乌帽子岳（1337 米）、杵岛岳（1321 米）相连，称为“阿苏五岳”。

外轮山，指复式火山的旧喷火壁，用大约 900 米的高度把火口原围了起来。其外侧缓缓地倾斜着，形成森林、农田、放牧地。

阿苏山过去有极大规模的喷火活动，喷出的熔岩直径约 200 千米。北到山口县，东到大分县，西到长崎县，南到人吉市。

近年，阿苏山的中岳第一火山口于 2014 年 11 月 26 日喷发，浓烟高达约 1 000 米。2015 年 9 月 14 日再次喷发。2016 年 4 月 16 日，由于地震，发生了小规模爆发，浓烟冲上天空约 100 米。当年 10 月 8 日又一次喷发，火山灰云高达 1.1 万米，气象厅测到火山性微动，震度为 2。这是日本最近的一次火山喷发。第一火山口目前还在活动中，登阿苏山，主要是为了看中岳的这个火山口。

登山有一条巴士线，名叫“阿苏火口线”，7 月 1 日起的夏季，每天 3 个班次，其余的季节每天 2 个班次。因地震的破坏，从熊本往阿苏方向的肥后大津站至阿苏站的铁路线还未通车，乘电车反而绕远路，因此，从别府乘坐九州横断特急（一天只有两个往返）或从熊本站乘巴士 2 个小时，抵达阿苏站。

阿苏火口线上，任何一个角度都是一流的景色。可以在停靠的巴士站下车，游玩一定的时间或者住一宿，再乘后面的车。

清纯的空气和干净的涌泉滋润着阿苏的大草原，草原上阿部牧场的“阿苏牛奶”，获得了国际味觉审查机构（ITQI）颁发的日本第一次得到的最高奖项——三颗星。

草千里站前有阿苏火山博物馆。阿苏一带从 220 万年前就有火山活动频繁，1928 年在西日本设置了京都大学阿苏山研究设施（现在的地球热学研究设施火山研究中心）；1931 年，设置了阿苏山测侯所（现在的阿苏山特别地区气象观测所），自动观测火山口的摄像机置放在阿苏山特别地区气象观测所的无人基地办公室，并自动记录观测到的震动波形。观测结果报告给福冈管区气象台的火山监视信息中心，据此发布火山信息。

驾驶员提醒看中岳火山口，这是一处目前活动中的火山口。日本第一次有文字记载的火山爆发就是在这个中岳，爆发时间为 553 年。从那以后，中岳已经爆发了 167 次。中岳火山口直径 600 米、深度 130 米。滚烫的溶岩温度高达 1000 摄氏度，火山口周围寸草不生，与周边高原的一片葱绿形成强烈对比。

火山口底部积攒了雨水和泉水，变成了火口湖。水被岩浆煮热，变成了温泉，温度超过 90 摄氏度。湖水是 pH1 以下的强酸性。胶体硫磺和铁离子溶入湖水，因太阳光的瑞利散射和吸收，产生了翡翠绿的颜色。火山口剧烈地往上喷烟，那情景就像一个人只有拼命地把憋着的气吐出来才能活命。熔岩裸露，火口壁现出条纹花纹。阿苏中岳火山口，很像是放大了的别府地狱。

巴士行驶了 35 分钟，经过阿苏青年旅舍、野营场前、草千里阿苏火山博物馆前、直升飞机场前这 4 个站，停在了山顶的终点站——阿苏山西站。中岳高不过 1506 米，但山顶却有丝丝凉意，气温比山下低五六摄氏度。

巴士的终点站与缆车站设在一起，从这里乘坐缆车可以到火口西站，近距离地观察火山口的情况，但是，由于地震、暴雨等造成了斜面塌落和龟裂、沙土流出，火山口周围流着很强的气体（二氧化硫），处于非常危险的状态。因此，缆车停运，徒步登山也被禁止。实际上，即便不禁止，登山也有很多注意事项，也是不提倡的，比如，气喘病、支气管炎、心脏疾患、身体状况不良者绝对不可登山；为防火山气体，要携带毛巾、手帕、密封性好的口罩。感到有气味时，要用湿毛巾等覆盖口、鼻；登山前要确认火山气体的流向等气象状况，特别是风向朝东时。无风、晴天时火山气体难以扩散……

目前，火山口只能远眺。据驾驶员说，看得到的日子不太多。梅雨季节自不必说，空气中湿度大的天气，山上会起雾。

缆车站是二层楼的建筑物，二楼在放映影像资料。墙上的 4 个大透视屏幕放映色彩鲜艳的阿苏的影像，与身前阿苏山的模型连动，映出四季的风景，就像在阿苏的上空飞舞。通过有冲击力的影像和在身体内回响的大音响，对阿苏火山进行模拟体验。留下很深的印象。

缆车站一楼的小卖部，正在销售用火山灰制成的熊本的吉祥物：熊（kumamon）以及带有其图像的伴手礼。Kumamon 诞生于 2010 年 3 月 12 日，这一天，熊本县开始在日本各地举办宣传活动时使用该吉祥物。因熊本城以黑色为基调，Kumamon 也用了黑色。它的表情迟钝，是为了对比其他吉祥物时更有力量。熊本县结成 Kumamon 队，在县内各地访问幼儿园、托儿所、小学等，开展活动，还编了 Kumamon 体操，有

Kumamon 歌曲，为地震复兴进行的各类募捐活动，用的也都是该图案。

阿苏山是阿苏九重国立公园的一部分。国立公园以熊本县的阿苏山和大分县的九重山为中心，从别府地狱到汤布院的路上见到的城岛高原、由布岳都在这一范围内，总面积达 72678 公顷。1986 年改称，之前称作阿苏国立公园（1934 年 12 月 4 日指定）。

九重山是跨越东西 15 千米的 20 多座火山的集合体，大多为陡峭的熔岩圆顶丘，一部分是成层火山。西部有八丁原、大岳等的地热发电站。仅九重山中的星生山于 1995 年 10 月至 1997 年 9 月这两年间，就记录到喷火、山动近 50 次。1995 年 10 月 11 日，在该山东山腹喷火，火山灰落到熊本。

日本全国约有大小火山 270 座，其中约有 80 座是活火山。是地球表面最大的火山带——环太平洋火山带的重要组成部分。阿苏山一带是日本的 7 个火山带之一，从九州中部向西南延伸至冲绳诸岛。在这个火山带上的活火山，除了阿苏山和九重山以外，还有由布岳、云仙岳、福江火山群、雾岛山、米丸・住吉池、若尊、樱岛、池田・山川等，以及西南诸岛的萨摩硫磺岛、中之岛、诹访之濑岛、硫磺鸟岛、西表岛东北海底火山等。

火山是日本这个世界著名的多火山国家独特的、不可错过的景致。

阿苏的山，有在其雄伟的大自然的造化中以“连山”入选百名山的九重山，也有在神秘的大自然的安排下以异石使人迷失方向的押户石之丘。

押户石之丘海拔 845 米，两块大石头中间有个缝隙人可以通过，传说这个缝隙是夏至太阳升起，冬至太阳降落的地方。并且，凡说谎的人通过时都会被夹住，所以叫“夹石”。有 5.5 米高，周围是 15.3 米的金字塔形的巨石“太阳石”，戴着注连绳（日本人祭神时或新年挂在门前的稻草绳），顶端朝向北极星。据说把指南针靠近时，本来朝北的针会指向相反的方向。在夹石和太阳石之间，有远古的绳文时代的日本人祈祷时作为祭坛使用的“祭坛石”。还有好几块刻有苏美尔文字的石头。传说公元前 3500 年左右，苏美尔人开始刻图像于石头或镌印于黏土，以此作为拥有某物的标志。苏美尔文字使用了 1000 年左右。由于这几块有苏美尔文字的石头的存在，这里被视作日本人起源苏美尔人这一说法的地方。日本人说，假如不是苏美尔人，而是我们的祖先在几千年前，因为某种目的在这里祈祷、刻下过文字，那该多么浪漫啊。从大观峰沿国道 212 号线向小国方面车行 5 分钟左右，就会有一块 “绳文的圣地 动力点押户石之丘 (2 公里)”指示牌引路，并可租借指南针。

丨阿苏的水丨

阿苏山的火口原从中央火口丘开始，就像人的两个耳朵，分为北阿苏谷和南阿苏谷，分别流淌着黑川和白川。火口原居住着 5 万人，有阿苏市、高森町、南阿苏村 3 个自治体。本文接下来所说的阿苏的水，与这黑白两川有关。阿苏是名水的产地。

白川最开始是清澈的水源，当地的村庄以它为名，熊本县在 140 年前改名为“白川县”也是由来于这一涌泉。白川水源和周围的水源一起，作为“南阿苏村涌水群”，被日本环境省选入“平成的名水百选”。南阿苏村入选日本国土交通省的“水乡百选”的“水的出生地”。

白川水源的涌水，是浸透这个地区的雨经过 50 年的岁月涌上来的，经大自然过滤器的过滤，透明得惊人。水温 14 摄氏度，以每分钟 60 吨的势头涌出。因水从水底涌出的势头，水藻轻轻摆动，涌起小泡。水底的沙在跳跃。

白川水源在白川吉见神社内，当地人把白川水源看作涌出不老长寿、祛除百病的神水的动力点。到水源为止的小路上树木茂盛，芬多精充沛。到达水源后，负离子充分，得到治愈。水源旁祭奠着水神，身心都得到了洗涤。

据说人和流水、树木有一种天然的亲和感，树林里的溪流和植物光合作用可释放大量负离子，树林中高浓度的负氧离子可起到调节中枢神经、降低血压、促进内分泌功能等作用。而植物芬多精可以杀死细菌和真菌，提高人体免疫力。树木可以利用为一种沐浴法、一种治疗法，日本和德国称为“森林疗法”，韩国称为“森林修养”，中国台湾称为“森林调养”，是利用经过认证的森林环境和林产品，在树林中进行憩息、散步等活动，实现增进身心健康、预防和治疗疾病目标的替代疗法。从辽阔的阿苏步入这里，感觉像踏入秘境。在这里散步，可以同时享受涌泉和树木，身体吸收自然的力量，得到很好的森林疗法的治疗。

白川水源从阿苏站车行 30 分钟的距离，地名是南阿苏村。由于游客每年递增，2012 年 3 月，南阿苏铁路在这里开设了南阿苏白川水源站。在充满负离子的白川水源，不仅可以用森林浴和涌泉水来清洁身体，还可以拜领一点神水回家，人们大多带着盛水的塑料瓶而来。

白川水源和其他水源一起，形成流经熊本市中央的一级河流“白川”，又和黑川在立野汇合，成为白川本流，突破外轮山，流向熊本平原。

熊本平原有着丰富的水资源，熊本市的水道水是 100% 的地下水。熊本市民每人每天的生活用水使用量为 224 升，多于九州主要城市的平均 218 升。由于水田的减少和城市化的进展，地下水的保养区域在缩小。配合地震后的复兴，熊本提出了“把熊本好喝的地下水留给未来”的口号，大力倡导“节约用水 218 运动”，即通过使用 8 种器具以及相应的行动，每人每天节约 6 升水。

日本全国共有 37 条名叫“黑川”的河流，阿苏的黑川，是流经阿苏市阿苏郡的白川水系的一级河流。位于该流域的阿苏郡南小国的温泉，以该河流为名，叫黑川温泉。沿着田原川的溪谷两侧，排列着 24 家日本式的温泉旅馆。

从前这里是位于阿苏外轮山山间的乡土气息的温泉疗养场，由农家兼营旅馆。1964 年，作为南小国温泉的一部分，被指定为国民疗养温泉地，并且，开通了山脉高速公路，带动了一批温泉旅馆的建成。

黑川温泉的共同的理念是“自然的氛围”——温泉是从自然中涌出的，因此，建造也必须自然，卖点就是露天温泉浴场和田园情趣。人们花 3 年半时间，在后山凿出了入口宽 2 米、深 30 米的洞窟，建成洞窟温泉浴场。运来杂木，营造了自然的露天浴场。所有的旅馆都采用了让人感到身处自然中的露天浴场，聚足了人气。

黑川温泉的旅馆经营者们集体植树，制造了整个温泉街被自然包围的景象，打出了“整个街道是同一个旅馆，大街是走廊，旅馆是客房”的广告。并且，从 1986 年起，推出了“入汤手形”（温泉入浴通票），实施了用“入汤手形”巡游各个旅馆的露天温泉浴场的做法。2006 年，黑川温泉的名称作为地区团体商标进行了商标登记（地区品牌）。在

2009年版的《米其林格林向导日本》中，刊登为两颗星。亚洲各国和欧美的沐浴客也慕名而来，为此，政府开通了福冈机场到黑川温泉的高速巴士线路，一天4个往返，单程2个多小时。10天有效的往返车票加上温泉入浴通票，共6240日元（相当于370元）。

“整个街道是同一个旅馆”的阿苏的黑川温泉，有着极大吸引力。

从JR阿苏站乘坐巴士到“黑川温泉站”下车，先去位于樱通的“风之舍”，那是黑川温泉组合所在地，在那里购买“入汤手形”，再去别珍坂租用电动自行车、浴衣等。黑川温泉有三条街道——樱通、川端通、紫阳花通（日语的“通”是路的意思），还有四个坡——童坂、柿之木坂、井古坂、别珍坂（日语的“坂”是坡的意思）。温泉巡游可以身穿日式浴衣，脚蹬木屐。

温泉入浴通票之意的“入汤手形”，“入汤”指温泉入浴，“手形”是票据、期票、汇票的总称。但是，黑川温泉的“入汤手形”并非纸质的票据，而是用杉木制成的牌子，也并非可以毫无阻拦地进入所有的适用设施，而只允许在24家设施中的3家露天浴场入浴，半年有效。黑川温泉对游遍24家旅馆的游客，赠送纪念品和相当于3000日元的住宿补助券。通常的入浴票价一处为500日元~800日元，由组合出售的“入汤手形”，售价是1300日元（约78元），并有儿童票。目前，在日本，几乎所有的温泉地都模仿黑川温泉，用通票巡游温泉。大分县的别府地狱也是其中之一。别府地狱通常的观赏券一处为400日元，通用券售价2000日元，可以进入6处地狱。

黑川温泉有7种泉质，从早上8点开始营业。在这里，除了挑选符合自己需求的功能的温泉沐浴外，夏天可以避暑，秋天可以赏红叶，冬天可以观彩灯。黑川温泉位于海拔700米的高原上，大雪封门的冬季，点亮彩灯以避免成为温泉旅游的淡季。相对于一般彩灯用电灯和LED，黑川温泉的彩灯用的是竹筒和竹工艺品，在灯的照射下，更加漂亮，更加梦幻。

黑川温泉还推出了叫作“黑川kapo”的酒的通票，购票时，会给一个专用的竹杯，拿着这个杯子，在温泉街上可以喝三处酒。这里有烧酒、日本酒，有用特产的米为原料的酒类或者自家制的梅酒。并且，为不喝酒的人准备了无酒精甜酒。无酒精甜酒、果汁、乌龙茶等都可以使用这一通票。“黑川 kapo”原本是为了淡季不淡而推出的，只限定冬季使用，因为受到好评而延长了实施期限，事实上全年可以享受。在登上井古坂的拐角上的酒店，出售着黑川温泉当地的黑川烧酒、清酒黑川等，以及限定黑川温泉一地出售的啤酒“汤上美人”（日语的“汤上”指出浴后）。

时间允许的话，住宿黑川温泉体会更深。

在人流如织的黑川温泉街上，有在足浴池里饲养了鱼，让其吃浴客被冲洗掉落下来皮肤旧的角质，所谓“鱼疗法”的；也有温度高，用于饮用或者煮鸡蛋、焯蔬菜，名叫“地狱”的。温泉的种类多样。

作为伴手礼可以带回的名产，有樱通的酱菜店在售的腌制的阿苏芥菜和“风舍”前的豆腐店在售的用清澈的黑川水制成的豆腐。

可以作为旅游见闻带回这里的趣事，有地藏浴场和穴场浴场这两处室内的共同浴场的存在，尽管日本于 1791 年就已经明令禁止，却存续了 200 多年至今依然进行着的男女混浴。共同浴场因为无人管理所以费用非常便宜，只需在入口的钱箱里自觉放入 100 日元（6 元），便可推门而入，自得其乐。脱衣处和浴池都非常简朴，一概男女共用！

阿苏形成了山，山喷火，撼天地。阿苏涌出了水，水显灵，沁人心。阿苏的能量无边无际，阿苏的魅力无穷无尽。

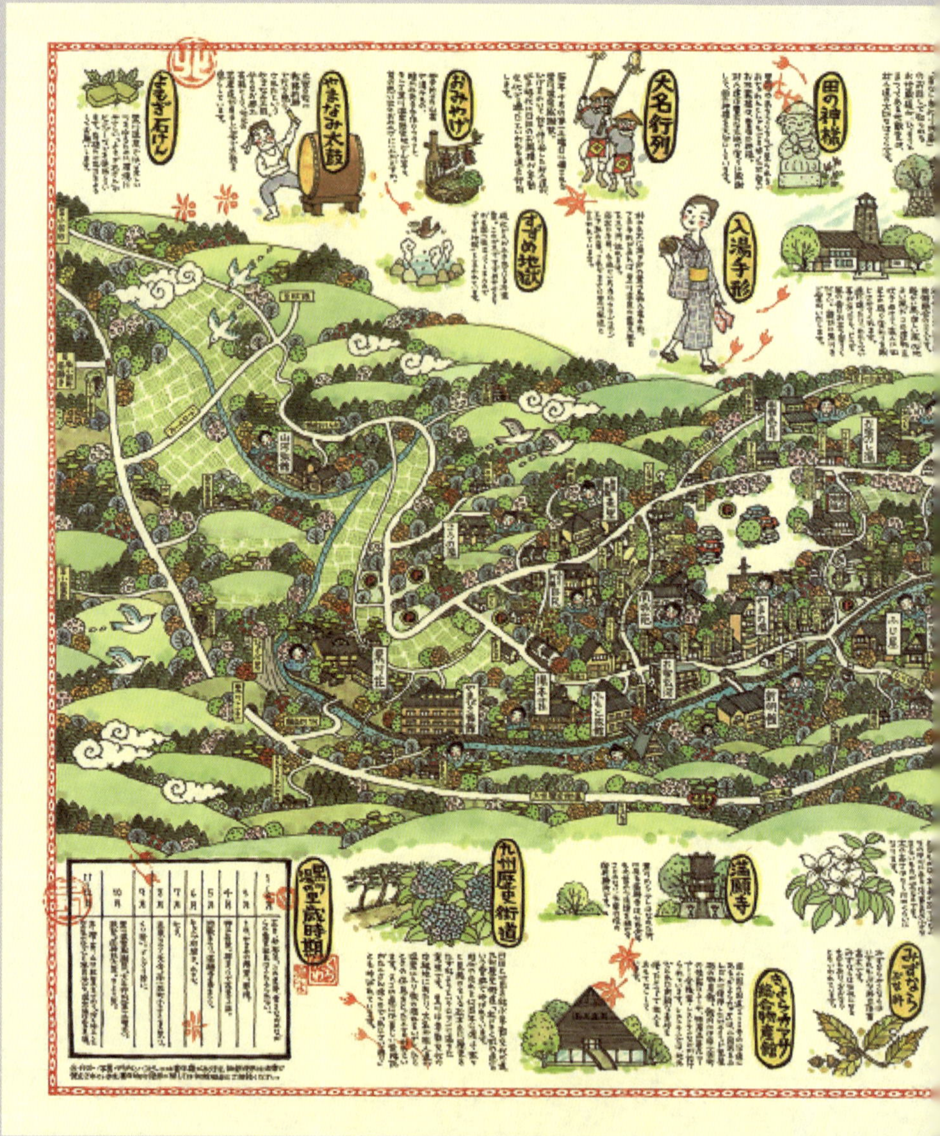
田の神様
大名行列
おみやげ
やまなみ太鼓
よもぎ石けん
入湯手形
すずめ地獄
九州歴史街道
満願寺

阿苏温泉

●『整个街道是同一个旅馆』的阿苏的黑川温泉。

●阿苏火山线终点站阿苏山西站。

夏目漱石故居

日西合璧

从熊本城散步过去，约 15 分钟，是夏目漱石的熊本内坪井故居。

夏目漱石一生搬过很多次家，除了东京外，在这座被夏目漱石称为“森之都”的熊本城，从 1896 年 4 月到 1900 年 7 月，他住了 5 年搬了 6 次家，内坪井是他在熊本第五次搬家的地方，在这里他住了 1 年零 8 个月。

静静远离人们视线的夏目漱石熊本故居，依然独自芬芳地经历着岁月的洗练。这个被夏目漱石夫妇最钟爱的一个家，院子中那口接生夏长女用水的古井还在，水已枯。褪了色的木门、斑驳的古树，一切依然生动可依。2016 年的地震影响，现在只有一部分庭院免费开放，地震让有些墙体损毁，建筑木材也被震落掉出来。

像一段不为人知的历史一样，暗香扑鼻。夏目漱石在熊本的日子，内坪井的居住时间是最长的，那年他刚 32 岁，在熊本第五高中任教，当时还是普通英文教师的夏目漱石，在杂志上发表文章，文学才华已势不可挡。由此，这里被开放成夏目漱石先生的纪念馆。

内坪井故居有 200 多平方米，正中央的房子虽然有些旧，但感觉恰到好处，建筑技术上，尤其是木结构技术，达到了极高的水平。房屋的柱子大部分变成了石基柱，在加固的地面上安放柱石，柱子根部按照柱石的形状进行了加工，很稳定。门窗使用了木门板和透光的纸拉门。原本只能拉开一半的开口，现在可以三扇全部拉开，木板铺地面。

进玄关后的左手边有一个相当于书斋的房间，洋式的，感觉挺洋气，整座建筑日西合璧的样式，整体很不错。

虽说没有打造庭园，但院子相当宽敞，围绕着正中央的房子。和式的客厅面对着庭院里的树，是相当高的大树，还有九重塔。另一边院子里是曲径通幽，古朴和风院落，院内小径花草丛生，一直到后院的厨房，洗手间都保持着当时的风貌。

我们想象着百年前这位日本大文豪，是怎样静坐于家中，展开他的笔，舞于纸端的。他并不知道，多少年过去了，人们还在读着他的文字，嗅着历史里属于文学的芳香。

夏目漱石所生活的年代正处于明治维新时期，当时日本大力提倡学习西方，从文化、政治、科技等方面借鉴欧洲，他身处一个剧烈变化的时代，在文化上，出现了以夏目漱石等的个人主义流派的小说，成为日本现代文学的开端。

中小学选他的作品为教材，几乎所有的日本人都读过他的作品。他在日本近代文学史上占有重要的地位，被称为日本的“国民大作家”。2004 年以前日本发行的千元钞票上有他的头像。

景物依然，看着故居，亦能让想象力穿越旧时光，窥见明治时代的社会风貌，比如住宅，日本的住居开始发生了变化，这一点早被夏目漱石预言了。他的作品《从此以后》（明治 42 年，1909 年）对东京中产阶级的住宅做了这样的描述：

> 平冈家外表简陋不堪，这栋宅子可以说是这十几年来物价高涨，中产社会不得不节衣缩食度日景象在住宅方面最好的代表。房门到玄关的宽度只有一间宽，后门也是如此。而在其后面和两侧，也立着同样狭小的房屋。这些宅子是那些程度极低的资本家趁着东京市贫困的扩张。今日的东京市，特别是城区的边缘，到处在散着这些宅子，不仅如此，它们还像入梅季节之后的跳蚤一般，每日以惊人的速度繁殖扩大。

夏目漱石一生的创作，一直关心社会现实，认真思索人生，努力通过各种各样的典型形象反映生活，特别是知识分子的生活。这段文字，虽然是古老的明治时代的作品，但在今天依然富有生命力。受到西方影响，工薪阶层等中产阶级人数增加，他们开始追求较好的居住环境和房产。夏目漱石在选择住居方式时，通过日西合璧的样式表达了他对生活的追求。在这所院子里，留下了关于婚姻家庭的小故事。

当时夏目漱石作为熊本第五高等学校的老师，一个月工资是 100 日元，扣除其中的 10 日元就是每个月的收入。大学时的奖学金返还、给老家的生活费、漱石的书费大约是 50 日元，夏目家有不时还会接受老师和学生寄宿，有一些寄宿费收入。家境还可以。在熊本时代吃得相当不错。夏目漱石讨厌青鱼，熊本不缺肉食，他喜欢像那种又重又油腻的肉类一样的东西，他还喜欢吃羊羹等甜食。在熊本家里睡午觉的夏目漱石，喜欢穿着浴衣躺在榻榻米上，像猫一样地慵懒。

在内坪井的时候，夏目漱石家就养了一只大狗，这只狗特别通人性，夏目漱石非常疼爱它。照全家福相时它乖乖地蹲在夏目漱石的面前，可爱极了，这只狗很受周围人的欢迎。有一天，夏目漱石的狗咬了一个行人，要被送到警方处理，夏目漱石就和巡警争吵起来，为狗辩护。夏目漱石说：狗是不会咬聪明伶俐的人，被咬的是因为长相不好或者对狗怀有敌意。

后来，夏目漱石在《我是猫》的写作中，借猫这个载体来刻画人，来反映人的社会生活。通过一只猫的视角向读者展现了苦沙弥、迷亭、寒月等知识分子以及金田为代表的资本家的生活面貌，对阴暗腐朽的社会和庸俗无聊的小说人物进行戏谑和批判。猫自己的世界也是小说中不可或缺的部分，如猫吃年糕、捉老鼠的滑稽场面，猫平时的运动项目，如“捕蝉”“溜松”“绕竹墙”等。

夏目漱石在熊本第五高中的教学和内坪井的生活，对他之后的小说也产生了很大的影响。在熊本生活的那几年，让夏目漱石后来的几部带着浓厚自传色彩的小说如《少爷》《三四郎》等逐渐酝酿于怀。

《我是猫》确立了夏目漱石在日本文学史上的地位。熊本内坪井纪念馆内的和室里面，还有夏目漱石左手抚摸着一只猫的塑像。

离开熊本内坪井后，夏目漱石从 1907 年起到去世在东京“漱石山房”居住了 9 年时光，《我是猫》的原型、漱石家那只没有名字的黑猫也葬在这里。这幢建筑 1945 年 5 月 25 日毁于东京大轰炸，2017 年漱石山房的原址被改建成 “漱石山房纪念馆”对外开放，乘地下铁到早稻田站，过马路，沿一条斜行的小巷漱石山房通走 10 来分钟就到了。纪念馆门票 300 日元。建筑为地上二层，地下一层，一楼再现了原来的书斋、客间和阳台式回廊，二楼是展示室。后面的漱石公园里有一座“猫塚”。

夏目漱石故居

夏目漱石在熊本的日子，内坪井的居住时间是最长的，那年他刚32岁。

在和室里面，还有夏目漱石左手抚摸着一只猫的塑像。

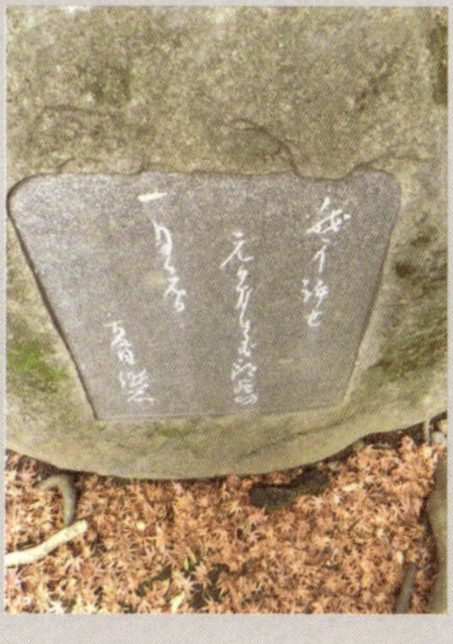

故居风景

● 正中央的房子有些旧，木结构，柱子大部分变成了石基柱，很稳定，门窗使用了木门板和透光的纸拉门。

● 院子中是接生夏目漱石长女用水的古井，水已枯。

小泉八云故居

日本庭院风

小泉八云是爱尔兰裔日本作家，原名拉夫卡迪奥·赫恩（Lafcadio Hearm)，以《无耳芳一》《雪女》怪谈作品广为人知。他是近代史上有名的“日本通”，日本文化走向西方最重要的传播者之一。旧居为小泉八云担任第五高等中学（现在的熊本大学）英语教师时在熊本度过第一年的地方，小泉八云最早的关于日本人论的作品《陌生日本的一瞥》，就是在此执笔完成的。1995年旧居复原工程完工。

日本有妖怪文化，而说到妖怪，就不可避免涉及怪谈故事，以及“日本怪谈文学鼻祖”之称的小泉八云的作品。1890年，步入中年的赫恩前往日本，经荐在岛根县松江市普通中学及师范学校得到了一个英语教师的职位，从此开始了在日本生活、写作的后半生。赫恩与松江当地的一位出身于武士家庭的英语教师小泉节子结婚，入小泉家为养子，入籍日本，取名小泉八云。

1891年11月，小泉八云移往熊本第五高等学校任英文教师，在此居住了3年多，1894年11月离开熊本前往神户。小泉八云一生出版了12部论述日本和日本文化的著作，美国的米夫林公司1922年出版了16卷本全集。他在日本备受推崇，1926～1928年间出版了18卷本的日文版全集，许多文章都收入在各种国语教科书中。

小泉八云到日本之初生活和工作过的地方——松江，是日本神话传说中八百万天神降临的地方。有日本神道最古老的神社——出云大社。在松江，他还参加了出云大社的升殿仪式。除了神职人员外，这是连日本人也很难得的殊荣。接触了神教的生活，让小泉八云表现了极大的兴趣。有时候，他会在夜间独自一个人来到神社里体会那种气氛。这种习惯一直保持着，在选择住宅时他喜欢日式的样式，靠近寺院和神社的地方。

小泉八云在熊本的故居，进入门内有一个小小的庭院，古香古色的日式建筑与周围的现代建筑形成了对比。他酷爱日本文化，除了写字桌椅是西式之外，其他皆是榻榻米的格局。他在这里撰写了有关日本的第一部著作《日本一瞥》，每日乘坐人力车去“五高”授课。明治时代，不仅是东京、横滨，像松江、熊本这样的地方都邑也普遍接受洋人教师，可见风气开化之一斑。

小泉八云故居

小泉八云酷爱日本文化，除了写字桌椅是西式之外，其他皆是榻榻米的格局。他在熊本的故居，有一个小小的庭院。

Chapter4

大分

温泉圣地

大分县面向濑户内海，气候温和，是温泉之乡，有日本著名的汤布院温泉小镇和别府地热温泉的景观，温泉数量和涌出泉量居日本第一位。大分县自古被称为“丰国”（丰饶之国），在7世纪末分为丰前、丰后两个国家，是“一村一品”运动的发源地，比较著名的有日田杉、丰后牛、香菇加工。

汤布院 有龙猫的温泉之旅

九州的大分县有 3000 多处温泉，著名的有汤布院温泉、别府温泉，是名副其实的温泉之乡。一个汤布院，就有 800 多处温泉。泡着露天温泉，远眺被冠以“丰后富士”之美名的汤布岳山姿，感受大自然四季更迭之美，是人生特别美好之享受。如果让日本女性推荐温泉，她们首先会选汤布院温泉。这里温泉之乡的规划、设计都是世界级的，是一个代表性的日式温泉疗养地的品牌。

汤布院一带田园风光，空气清新。清澈的金麟湖面白雾弥漫，灵气而沉静。到处都能嗅到温泉的味道。从车站到温泉旅馆，一路上有礼品店、小吃店，街道两边林立着各种传统日式风格的小屋和欧风情调的小铺。去旅游泡温泉，逛得开心，泡得舒服，开心愉快达到彻底放松，这里的氛围瞬间感染了来度假的人们。

去汤布院旅游泡温泉，有机会一定要坐九州最热门的旅游特快“汤布院之森”号，如果是旺季出行要提前订票，“汤布院之森”特快是全列指定席。从福冈博多车站发车，沿途经小仓—别府—大分—由布院，一日两次往返。汤布院过去叫作由布院，后来在昭和 30 年（1955 年）与汤平村合并，并称为“汤布院”。现在汤布院车站名和盆地名还是保留着由布院的称谓。

如同“汤布院之森”中的“森”字，车体和森林一样的油画绿，车厢里木地板、木墙壁，洋溢着古典风韵。座椅也很宽敞舒服，有沙龙车厢，设有独特的落地窗观景台。乘务员还会拿着中、英、日、韩的牌子介绍景点名称。车内小卖部会提供大分县当地特色的产品——车内限定，有便当、巧克力组合、大豆冰激凌等。当然，在大分没有尝过或买到的，在这里都有机会尝试。

便当在日本是一大学问，除了妈妈的便当外，车站的便当——驿便也很吸引人。以前人们坐火车出行，品尝沿线风味不同的驿便，是旅游的一大乐趣。现在日本的列车已经不设餐车了，商务客人大抵都事先买好了后带上车。只有在闲情雅致的“汤布院之森”旅游特快上，才能享受着九州特色的驿便。味道真的有惊艳，都是当地特产和健康的食材，便当盒是用杉木板薄片做的，带有一股清新的树木香味。还有用大分县大豆做的冰激凌，少含奶油脂肪，是绿色食品。

到了由布院车站下了车，看到泡脚池就在站台上，真令人吃惊，这个温泉镇开门见山迎客，“汤文化”为中心，主打的就是温泉。泡脚大人180日元，小孩160日元，也就是一瓶饮料的价格。买泡脚券赠送一条毛巾，还有汤布院的明信片。

汤布院温泉是家原、汤平和由布院三个温泉的总称。泉涌量丰沛稳定，居日本第三。泉质是碱性单纯泉，有助于缓解风湿性疾病、运动器官障碍、关节痛、神经痛，消除疲劳。

来到汤布院，当然就是泡温泉了。

小镇上大大小小的温泉旅馆就有127家之多，风格各异，有不同的温泉体验。汤宿为核心，布局了丰富的温泉体验项目如手汤、足汤、钱汤等。有“御三家”之称的“玉之汤”“龟之井别庄”“山庄无量塔”为代表性日式温泉旅馆，还有旧时光风情的传统家庭式温泉旅馆，都是泡汤私享的好去处。

日式温泉旅馆的标配：在每一客房都设有源泉涌出的大面积的半露天、露天私人风吕，在泡汤的同时享受美丽的自然风光。环境是曲径通幽，世外桃源般，日式服务，客人一到，就倍感体贴地送上日本茶和热毛巾，浴衣也是雅致的颜色。冲洗后入池，在温泉中舒展，身心都在宁静中自然放松。泡完温泉，舒服地享用旅馆提供的当季时节的特色料理。有时间还可以去金鳞湖看看。

金鳞湖由于湖底有自然涌泉，可以说是半个温泉湖。湖的西边涌出的是温泉，东边涌出的却是清水，滚烫的温泉与常温的清水产生温度差，使得湖面经常飘着浓雾，早晨气温低的时候更加明显，宛如梦幻仙境一般。黄昏去到湖边漫步，湖面在夕阳照射下，金灿灿闪闪发光。

在汤布院温泉小镇还可以穿梭于各种趣味横生的博物馆和咖啡馆，还有宫崎骏的龙猫小店，据说汤布院温泉街是宫崎骏画龙猫时灵感的发源地。

大分乡村温泉

●大分县有3000多处温泉，著名的有汤布院温泉、别府温泉，是名副其实的温泉之乡。光一个汤布院，就有800多处温泉。

●据说汤布院温泉街是宫崎骏画龙猫时灵感的来源地。

别府温泉 开启『地狱巡游』

位于九州地区东北部的大分县，在别府湾的深处、鹤见连峰（别府“阿尔卑斯”）的山麓，有日本之最的别府温泉乡。这里的温泉每分钟的涌出量为 89608 升，在世界上位居第二，仅次于美国的黄石公园。作为温泉地，在全球范围内最大。也就是说，在这里的感觉如同进了地球规模的澡堂。地球上存在着 11 种泉质，除放射能泉外，别府温泉拥有其中的 10 种。源泉总数达 2516 孔，占日本全国总数的 10%。

在别府，由于泉质的种类丰富，可以享受各种功效的温泉浴。有世界最大的泥浴，有从 12 世纪起就有的蒸浴，有从 19 世纪起就受欢迎的沙浴，有足浴、药浴等，是多种多样的温泉宝库。

贴近市民的生活是别府温泉的特征。别府市内有 100 多家公共浴室，大多数公共浴室，假如自带毛巾、洗发剂、沐浴露的话，只需 100 日元（约 6 元）就可以入浴。

在别府的约 140 处温泉中周游 88 处，盖满章，可以得到“温泉路名人”的称号。除了入浴以外，别府还有用温泉蒸的菜肴、布丁，用温泉煮的鸡蛋等出售。

别府的温泉，以别府、滨肋、观海寺、堀田、铁轮、明礬、龟川、柴石这 8 个温泉乡为中心涌出，俗称“别府八温泉”。其中的铁轮温泉乡，因海、山、鬼石坊主、灶、鬼山、白池、血池、龙卷这 8 处温泉而闻名。这 8 处温泉有着令人毛骨悚然的称呼——“地狱”。它们分别是：海地狱、山地狱、鬼石坊主地狱、灶地狱、鬼山地狱、白池地狱、血池地狱和龙卷地狱。这些温泉都不能泡，只能观赏！在土地私有制的国度，温泉自然也私有，那么，是什么样的地方会被人叫作“地狱”？是什么样的温泉甘愿让人以“地狱”相称？人到九州务必去实地考察，而在这8处温泉走一遭的行为，有个固有名词，叫作“地狱巡游”。

地狱巡游，在电车别府站前有旅游班车，从1928年开始运行，伴有日本最早实行的随车导游。导游员录用年轻女性，导游词采用抑扬顿挫的“七五调”。地狱巡游线路以别府站为起点，按海地狱→鬼石坊主地狱→灶地狱→鬼山地狱→白池地狱→血池地狱→龙卷地狱的顺序，对8处温泉中加入组合的7处温泉进行巡游，时间2.5小时。

山地狱没有加入组合，不在地狱巡游线路内。日本的组合相当于行业工会，参加与否，随自己愿。

从博多往别府方向，高速巴士一天16次往返，十分便捷。早上7:34始发，2小时后，停靠铁轮口，这里正是地狱巡游旅游班车的第一站。

在离站还有一段距离时，海地狱的招牌就映入眼帘，跟着那个红箭头，开始了对地狱的巡游。一路上，都有显眼的标记引路，有“地狱巡游路”的石柱和指向灶地狱、鬼山地狱、白池地狱的黄箭头，我们感受到在“地狱”里生活的人们的待客热情。

地狱，既是这里的每处温泉的称呼，又是它们的总称。对这一带的温泉进行管理的组织，大名就叫“别府地狱组合”。8处温泉俗称“八大地狱”。“地狱”这一称呼的开始时期，据其中之一的海地狱的说明，海地狱诞生于约1300年前的鹤见岳的爆发，是自古就有的天然的温泉，原本叫“慍汤”（“慍”同“温”，“汤”是热水），公元733年左右的《丰后国风土记》里，被记载为“玖倍理汤”（为“突然喷出的热水”之意）。说明这一温泉不是一直在涌，而是突然喷出，人无法靠近，树木枯萎，因此，遭到人们忌讳，无人靠近。随着岁月的流逝，被称作了“地狱”。据说在1694年著的游记《丰国纪行》里，多次使用了“地狱”一词，说明该称呼此时已经被固定了下来。

丰国，是日本律令制以前九州东北部的一个国家，相当于现在的福冈县东部以及整个大分县。另外，别府地狱组合发行的观览券上的欢迎词也说：“相传铁轮龟川一带，从1000多年前就以惊人之势喷出热气、热泥、热泉等，是人们无法靠近，多有忌讳的地方。因此，当地人称之为‘地狱’。如今在铁轮，依然把热泉喷发口称作‘地狱’。”

把地狱定义为“热泉喷发口”，是最简洁明了、合适不过的了。因为这里的地狱都有水温极高的共同点。在铁轮地狱，每个喷泉口都标明了温度，均在 80 摄氏度以上，因此处处雾气腾腾。以灶地狱为例，灶地狱是热泉和热气一起喷出的，在名叫“灶门八幡宫”的当地守护神神社的大祭中使用这里的喷气热泉做了供神的饭，因此得了此名。灶地狱共有 6 个喷泉口，形成了 6 个泉水池，均以“丁目”称呼。

这里的地狱还具有色彩斑斓的共同点。所见到的用栏杆围起的泉池里的温泉水、热泥，有橙色的（灶地狱六丁目）、蓝色的（海地狱）、乳白色的（白池地狱）。仅灶地狱一处，就囊括了好几种颜色：三丁目呈乳白色，五丁目变成蓝绿色，六丁目是橙色。常见的温泉浴场的无色透明的温泉水，在铁轮地狱，只有设于出口处的足浴池和饮用水才有。

在这几处温泉中最大的海地狱呈蔚蓝色，如蓝色的大海一般，因此得名。池水的蓝色，是因为温泉中的成分硫酸铁溶解。泉水中有镭硫酸铁，泉质是含食盐酸性泉。海地狱看上去凉爽，平静，异常美丽，是国家指定名胜，与地狱之称差之千里，但实际温度却高达 98 摄氏度，到泉脉为止的深度达 200 米。因此具有一定的危险性。

除了具有共同之处以外，几处地狱又各有特色。比如，与海地狱毗邻的鬼石坊主地狱，喷的全都是热泥。灰色的泥浆咕嘟咕嘟地往上涌，形状就像和尚的脑袋，因而得名坊主。坊主在日语中是“和尚”的意思。其实，灶地狱沸腾着的 6 个泉池中的一半（一、四、六丁目）也是黏稠的热泥浆。

鬼石坊主地狱也是出现在公元 733 年编纂的《丰后风土记》中的历史悠久的温泉，1950 年代曾经关闭，相隔 50 年，于 2002 年 12 月重新装修开放。在院落的深处，开放了用以沐浴的“鬼石温泉”，有男、女分开的丝柏浴的室内浴池，半露天的展望浴池，丝柏浴或者岩浴的露天浴池。费用另收，成年人 620 日元。还有 5 间家人浴室，每间 1 小时 4 人为止，2000 日元。鬼石温泉晒出了被叫作“温泉病历卡”的温泉浴室的相关信息。

白池地狱的院落经过精心整理，是一个优雅、沉稳的日式庭院。热泉是从日式庭院的池子里喷涌而出的。据说喷出时无色透明，但到了池子里，由于温度和压力降低而成了乳白色。庭院内有铁轮温泉的开山祖一遍上人的塑像和一些诗碑，以及大分县指定文物的项原石幢、国东塔和展示乡土美术的“二丰南画堂”，文化气氛浓郁。

传说一遍上人在去各国念佛的途中抵达别府，访问了现在的铁轮。了解到人们为狂乱的地狱而烦恼，他在地狱埋下了抄写的《大藏经》，镇狂乱的地狱，打下了开发一大温泉乡的基础。铁轮的蒸浴温泉也是一遍上人所设。

白池地狱还附设了热带鱼馆，可以观察到生息在亚马孙的食人鲳等10多种热带鱼。一块牌子上写着“产地法属圭亚那亚马孙的PIRANHA NATTERERI食人鱼”,“食人”二字令人胆战心惊。一边是儒雅的文墨书生，一边是凶残的“食人鱼”，氛围十分不协调。

鬼山地狱从一开始就利用温泉的热饲养鳄鱼，在日本是最早开始把温泉的热利用于养殖动植物的。目前饲养着约100条世界各地的鳄鱼，还可以看到对巨大的鳄鱼的骨骼的展示等。假如遇到给鳄鱼喂饲料，还可以听到鳄鱼闭嘴时发出的声音。鳄鱼的咬力约达1吨，如果地狱等于恐怖的话，可以说这里最像地狱。其名字“鬼”的来历，一种说法是因为恐怖，还有一种说法是因为发音相似。日语的“鬼”发音为“wo ni”，“鳄”发音为“wa ni”。

海地狱里竖着一块“海地狱比春潮更美丽”的石碑，据说明牌，1920年11月，当昭和天皇还是皇太子时，游览了九州，归途到了别府温泉，对地狱很感兴趣，参观了海地狱，感叹“海地狱比春潮更美丽”。此后不久，皇太子和良子女王订婚，借此机会，女王旅游了二丰路，在皇太子的推荐下，来到海地狱。海地狱的创立者千寿吉彦为了将两位的来访之事告知后世，将有深交的元田肇挥毫的文字刻在石碑上竖立于此。

海地狱利用温泉热栽培亚马孙地区原产的大鬼莲和热带性睡莲，大鬼莲和热带性睡莲的开花期在5月上旬至11月下旬。海地狱的大鬼莲为日本之最，上面可以乘坐体重20千克以下的小学低年级学生。在夏季的盂兰盆节，海地狱专门举办把儿童放在宽大的荷叶上的活动。

从岩石的山脚喷出水蒸气的山地狱，利用水蒸气的热附设了小动物园，饲养着日本猴、狒狒、河马、非洲象、印度孔雀、黑天鹅、火烈鸟等9种动物。

地狱中的泉质各不相同，有的可以喝，“喝的话 10 年返老还童！”

海地狱和鬼石坊主地狱还出售各种可以当场食用的利用温泉蒸熟的食品，如用海地狱 98 摄氏度的温泉煮熟的“温泉鸡蛋”（2 个 150 日元）和蒸熟的“地狱蒸布丁”（300 日元）。在鬼石坊主地狱使用了大分县的品牌冠地鸡蛋等制成的各种馒头以及煮熟的“温泉皮蛋”。我们对于“皮蛋”心存怀疑，因为通常的皮蛋不是煮着吃的。咬了一口，只见蛋白和蛋黄都颜色颇深，呈茶色，并带有咸味。这一颜色也许是取名“皮蛋”的原因。这应该和温泉的成分有关，我们仔细看了泉质介绍，是含芒硝弱食盐泉。

8 大地狱中，6 处相对集中于铁轮口的步行范围内，2 处集中在距此 3 公里处。除了可以利用地狱巡游线路的旅游班车外，还可以在铁轮附近的龟井巴士中心乘坐路线巴士。既然到了铁轮，另外两处不能不看，因为名叫血池地狱和龙卷地狱的这两处，皆是国家级的名胜。8 大地狱中的 4 处，于 2009 年 7 月 23 日一起被作为别府的地狱而指定为国家的名胜，它们是海地狱、血池地狱、白池地狱、龙卷地狱。这是大分县继 1923 年被指定作为国家名胜的耶马溪之后，相隔 86 年被指定的第二处。

这 2 处地狱果然惊艳。血池地狱一片通红，美不胜收。地狱面积约 1 300 平方米，温度约 78 摄氏度。泉质为酸性绿矾泉。深度约 30 米（因为是黏土，所以最深部不明），每天的涌出量约 1800 千克。含有酸化铁和氧化镁等成分的红色热泥从地层喷出，堆积，染红了池子，因此得名。该温泉一经发现，就被称为“红汤泉”和“红池”，以后，基于传入日本的佛教思想的地狱感，被叫作“血池地狱”。血池地狱在日本最古老的和歌集《万叶集》和《丰后国风土记》都被以“红温泉”所记载，这表明，是 1300 年以前就存在的日本最古老的天然地狱。其稀有性得到认可，2009 年被指定为国家的名胜。

血池地狱，可以说是“红色的热泥池”，自古这里的人们用这一红色的热泥制成治疗皮肤病的药膏，染布匹和房屋的柱子等的颜色。

血池地狱历史上多次爆发，对周围的山带来了危害。有离血池 10 来米的地方竖着一根木桩，上面写着“血池地狱爆发处”。牌子上的文字显示“1927 年，这里曾经有过高度达 220 米的大爆炸。”220 米高的大楼，可以称为摩天大楼。血红的液体或者泥浆突然蹿起 220 米，那是一个多么壮观的场面！自从开始进行池子的搅拌作业以防止爆发以后，血池地狱就再也没有发生过爆发，现在完全可以放心地参观。

在血池地狱的出口处，有从血池的源泉直接引入的血池足浴池。小卖部在出售制作工艺传承了上千年的用血池地狱涌出的黏土制作的治疗皮肤病的软膏。

龙卷地狱更加令人震撼。温度约 105 摄氏度、地下热水 150 摄氏度的热泉和热气会突然随着轰鸣声往上喷，受天花板阻挡，不服，继续冲高。声音越来越响，雾气越来越浓，超过了旁边的 2 层楼房的高度，很有冲击力。据说，喷出孔的上部和侧部是为了游客的安全后来砌上去的。实际上喷出的热泉和热气具有高度 30 米左右。试想在开放的环境走过去，突然从脚下喷出滚烫的液体和气体，该是多么地骇人！在这样喜怒无常的自然界，人只剩下无力之感。

一旁的《龙卷地狱间歇泉原理说明》上写着："这个龙卷地狱是天然的间歇泉，间隔一定的时间喷出。间歇泉周期性的喷出构造，是由于地下的水压和沸腾温度之间的微妙的关系而引起的。虽然世界上有名的间歇泉在美国的黄石国立公园和冰岛、新西兰等也有，但在喷出周期短这一点上，本龙卷地狱是很吸引观赏者的兴趣的。休止时间：约 30 至 40 分钟。喷出时间：约 6 至 10 分钟。每天喷出量：600 升。温度：105 摄氏度。泉质：含食盐酸性泉。"

龙卷地狱的园内非常漂亮，在绿色的树木草丛的映衬下，春天，盛开着一片映山红，秋天，蝴蝶翩翩起舞。除了与其他 3 处地狱一起被指定为国家的名胜以外，龙卷地狱还在 1977 年被指定为别府市的天然纪念物。

在铁轮一带，古时人们认为地狱是累赘，没人愿意碰它。1910 年，海地狱率先置备齐设施，收取门票开放经营。以后，盛行起把小的喷汽孔挖开，诱导大的喷汽的做法，涌现出 11 处新的地狱。八大地狱中的一半，产生于这样的背景。龙卷地狱出现于 1923 年；灶地狱出现于 1926 年；白池地狱出现于 1931 年；鬼山地狱出现于 1932 年。

如今，铁轮的这 8 处地狱，以别府地狱为名，成为日本屈指可数的旅游景点。红、蓝、白等各种泉色的温泉和间歇泉等有特色的温泉，这么多的奇观集中在一个地区，这本身就很不可思议。假如不用"地狱"

二字，可以把这个温泉乡叫得很漂亮，因为它多彩、绝美、奇妙，有能量，但即便叫得再漂亮，那隆隆的地声、那不断涌出的高温的热泉，依然十分瘆人。在保护设施不全的年代，那看似凉爽实际滚烫的泉水，那前呼后拥的鳄鱼，假如稍不留神脚下一滑，也许真的就此下了地狱。

巡游完毕，发现 8 处地狱的票价一律 400 日元（也有 2000 日元的通票）。

利用地狱高温蒸煮，带有淡淡硫磺味的温泉蛋叫黑玉子，是地狱温泉的名产。

别府驶往汤布院的旅游快车经过别府缆索、城岛高原公园、由布登山口、岳本，40 分钟后抵达汤布院站前。

汤布院是个静谧的小镇，和别府一样，也是知名的温泉地。汤布院有几个美术馆，有一些田园风光，旅游有马车和仿造 20 世纪 20 年代英国车的小巴。小镇的时间，好像停留在了那个年代。在汤布院站前看得见耸立在东北部的活火山由布岳，由布岳是由布市的象征，有着“丰后富士”之称。

在室内洗净身子后，眺望着雄伟的由布岳，在半露天的缸里泡了一会儿，而后，去了露天的浴池，让身体轻浮于水面。又在榻榻米上摆了个“大”字。黄昏的微风吹来，煞是惬意。解除了旅途的疲劳，度过了悠闲的时光。回到室内再次洗净。包括赠送的毛巾以及装湿毛巾的塑料袋，收费 700 日元（相当于 42 元）。

有数据表明，日本的温泉，源泉数大分县第一：4381 处（第二位是鹿儿岛县的 2771 处，第三位是静冈县的 2274 处）；涌出量大分县第一：每分钟 278934 升（第二位是北海道的 255624 升，第三位是鹿儿岛县的 156539 升）。大分县的源泉数和涌出量均为日本之最。到了大分县的两大温泉地，观赏和沐浴了具有代表性的日本的温泉，这才是一个完整的温泉体验。

这天的交通工具都是巴士，因为购买了九州北部 3 日有效的 SUNQ 巴士通行券（8000 日元）。手持这一券，不用说乘车，就是别府地狱的 2000 日元的观赏通用券的价格也有折扣优惠，不过，有的地狱不参加通用券。

别府温泉

●『地狱巡游』路的石柱和指向灶地狱、鬼山地狱、白池地狱的黄箭头。

●『喝的话10年返老还童！』的温泉。

●白池地狱院子里的一遍上人的塑像。

温泉奇观

- 龙卷地狱的热泉喷出。
- 血池地狱爆发处。
- 鬼石坊主地狱喷的热泥，形状就像和尚的脑袋。

地狱巡游

● 沿路竖立的海地狱的招牌。灶地狱的二丁目100℃。

● 鬼山地狱公示了丰后国志对它的介绍。

温泉文化 从泡澡到诗意栖居

日本是世界温泉之乡，很久以前日本人就已经学会了利用温泉，在那个既没有化妆品也没有药品的时代，温泉的疗效对日本人有特别的意味：一入温泉容貌靓丽，再入温泉百病痊愈。日本的古代有三大名温泉：有马温泉、草津温泉、下吕温泉，都是历史悠久、疗效突出的“名汤”。

“有马三乌鸦”。有马温泉的起源记载：古代有二位神仙造访有马时，见到三只受伤的乌鸦在一水洼洗浴，数日后其伤竟不治而愈，此水洼就是温泉。这三只告知人们温泉所在地的乌鸦被允许住在有马，并称为“有马三乌鸦”。

在没有温泉专家的时代，人们又是怎样找到温泉的呢？多数情况下都是被动物发现的，动物们会找到温泉，并利用温泉为自己疗伤。有马温泉富含矿物质，泉色似铁锈红，又称为“金泉”，还有无色透明的碳酸泉“银泉”。“金泉”泉水中含有约为海水浓度 2 倍的铁泉盐，水温 90 摄氏度以上，对风湿病、神经痛、肠胃病具有疗效。“银泉”的水温 50 摄氏度，碳酸气可刺激皮肤，促进血液循环，增进肠胃蠕动。第 34 代舒明天皇、第 36 代孝德天皇都驾幸有马，入浴而大喜。“金泉”“银泉”被赋予了至高地位。

“除了相思病，什么都能治”，群马县的草津温泉，又名“药出汤”。其泉质为硫化氢酸性泉、酸性硫酸盐泉，水温高达 50 摄氏度 ~ 96 摄氏度，对治疗风湿性疾病、神经病、慢性皮肤病、创伤、糖尿病等有一定疗效，自古便作为治病健体的著名温泉而远近闻名，距今已有 1000 年的历史，被称为“名汤”。

草津温泉有一项传统的活动：用长木板搅拌温泉浴池中的泉水，以达到温泉中的矿物质元素混合均匀，释放出来而提高疗效。这已成为草津温泉街的象征。

下吕温泉，以“美人之汤”闻名于天下。温泉水滑凝玉脂，碱性的泉水能够软化角质，使肌肤光滑，容光焕发，泉水对美容养颜的功效非常好，特别是对爱美女性诱惑力极大，到现在每年有 200 万人次的汤客慕名而来。

古代温泉主要被用作贵族和僧侣们休闲、治疗以及各种宗教活动之场所，那时温泉与宗教有着很深的联系。温泉作为达官贵人等的休闲场所，并不对一般民众开放。

奈良时代，佛教传入日本。佛教认为沐浴的目的是洗涤污垢，洗澡不仅可以去掉肉体上的污垢，而且可以净化心灵，洗澡沐浴有种种好处。最早寺院中僧侣为祈福避邪而设置浴堂，在镰仓时代，寺院中的浴堂开始对外开放并收取“入浴料”（收费）。

到了近代的江户时代，出现了将半个身体泡在浴盆或浴缸里的“风吕”和公共浴室“钱汤”。

在江户这么大的城市里，当时拥有 100 多万人口，却很少发生大规模的传染性疫病。这得益于江户良好的卫生系统和市民喜欢泡澡的生活习惯。江户时代日本人已经十分注重个人卫生，对于很多人而言，不吃饭是可以接受的，但不洗澡却是万万不能的。每周清洗自己的身体已经成为日本人的一大共识，风吕也就因此而流行了。日本人说的“风吕”专指泡澡。

江户时代中期，许多家庭都开始装置浴桶。那是一个大木桶，连接着铁管，铁管的另一头连接的是烧水的锅炉，热水沿着铁管注入桶里，因为这铁管外形就称为“铁炮风吕”。江户城有发达的供水系统，多磨川以及江户周围山中的泉水通过水道被引入城中。用柴火烧泉水，成本挺高的。一家人泡澡的入浴顺序首先是一家之主的男性，依次按家庭地位而入浴，女性最后。洗浴后穿上日本传统浴衣，泡热的身体放松又舒坦。喝上一杯清酒，用点小菜，睡上一觉，第二天一定是精神饱满、神采飞扬的。

除了在家里洗风吕以外，江户时代的日本人还经常到公共浴室去洗澡。公共浴室叫作“钱汤”。到了 19 世纪初，江户城中大约有 600 家钱汤，每家都热闹非凡、规模宏大，一家人或者几个朋友结伴去钱汤洗澡已经成为一种流行风气。

到了大正、昭和年代，东京发展到 2700 多家的“钱汤”，近现代风吕成为生活的一部分，泡澡后的食品牛奶、饮料等成为新宠。

中国人相信药补不如食补，日本人赞同食补不如水补。

汤治，古代记载中温泉的医疗效果备受重视，很早温泉已经广泛地被用于治疗负伤的士兵，战国的武将们都有自己的疗伤健体的“秘汤”。日本人常说温泉有“三养”，一谓减轻疲劳的“休养”，二是保持健康预防疾病的“保养”，三为治疗疾病的“疗养”。

在古代，汤治仅限于一部分有权力者，但是到了江户时代，汤治普及到一般人。在这个时期，不光贵族，将军、名流间盛行温泉治疗，一般老百姓也泡温泉，汤治习俗广为流行。由于医学还不是十分发达，汤治主要以疗养为目的，一般在温泉地长时间的停留，至少一周以上，对一些特定的疾病进行温泉疗养。那些具有独特效果的温泉，例如有能令肌肤变得幼嫩的“美人之汤”，对改善眼病有帮助的至今 700 年历史的贝挂温泉“目之汤”，能调理肠胃的“肠胃之汤”等美誉的温泉，一直都备受爱戴。

位于山形县北部深山中的今神温泉，曾经被人们认为是有不可思议的奇妙力量的神之温泉。那个时候的人们为了得到神之温泉的治愈，成群结队地顺着山道长途跋涉而来。一般平民的温泉入浴习惯，有“正月汤”“寒汤治”“花汤治”“秋汤治”等以季节性温泉疗养为主。温泉不仅能消除耕作带来的疲劳，还能为接下来的工作储备体力。江户时代开始有温泉客在农闲季节来到温泉乡调养身体，他们寄宿的地方就成为了温泉旅馆。之后，温泉疗养的期限逐渐由长期变成短期约一日两夜，与现代日本的泡温泉习惯很接近。

20 世纪初期，随着铁路的开发，铁道线路在全国的范围延伸，温泉旅游开发随之展开。铁路促进了温泉的开发。景点在东 JR 沿线密集分布，北海道登别温泉是治疗疾病的优质温泉，中部近畿和关东地区拥有日本三大名泉，到温泉旅游也成为人们消除疲劳及交流沟通的朴素生活方式之一，泡温泉发展成为日本最具代表性的文化。

据统计，日本每年前往温泉地的人数为 1.3 亿人，相当于日本的总人口数。说明，日本国民基本上每个人每年都会去温泉地泡一次温泉。

1948年日本颁布了《温泉法》，2003年又颁布了新版《温泉法》。各家温泉旅馆比拼的是高质量的服务和温泉养生内涵。

“二战”后日本经济高速增长的年代，一方面为了吸引外国游客，日本政府鼓励在交通便利的温泉地修建大型的国际饭店。这些水泥建筑的大型饭店，对于木居建筑的一般日本国民来说有着极大的吸引力。一些大公司招待客户的方式就是温泉旅游，其形式多为1泊2日的团体旅行，即客人一到饭店，先洗温泉，接下来宴会，之后还有小范围的酒会等。温泉旅游向宴会、娱乐型方向发展。这时的温泉旅馆，把扩大住宿能力当成经营制胜的法宝。对当地政府来说意味着税收的增加；另一方面以增进健康、预防疾病、提高国民素质为目的，日本开始把一些疗养、保养以及环境条件较好的温泉地指定为国民保养温泉地。

随着日本国人经济稳定生活富足，团体旅行减少，家族、友人、女性游客渐渐增多，休闲度假模式成为城市化都市人的新宠。日本人是为了美和快乐而活着，最希望的是拥有“好的心情”。不追求正确的，而是“舒适的”更为重要。

因此，日本人对温泉旅游地的选择出现了多样化，风景优美的山间溪谷、自然素朴的露天温泉、有温泉氛围的温泉街，成为游客的选择目标。

日本温泉文化发展到现在，已经形成了一条成熟的经济产业链。

“温泉的质”“温泉的氛围”“自然环境”，都是营造温泉地发展独特魅力的核心要素。

日本人看来，理想的温泉设施以露天温泉为首，其次是散步道、公共温泉、传统的街景、古朴风格的宿泊设施、地方小吃、乡土馆等。优美的环境不仅包括自然，还包括自然和建筑、建筑和道路、公园之间的协调。

在日本，露天、自然、乡村情调的日式温泉也称为“风吕”。

露天温泉，用来自温泉源头的自然流动泉水，既没有另外加水，也未经过加热，是从地底直接喷涌而出的泉水。涌出的新鲜源泉水注入浴池并自然溢出，身心放松地浸泡在源源喷涌出鲜活的温泉里，享受着大自然的美景，嗅着新鲜空气及泉水的气味，触摸着泉水的感觉，或是光滑、柔和，或是全身附着气泡，氤氲的水汽中富含负离子，也是让人特别舒适的元素。

在日本，人们在工作疲劳时会情不自禁地说："好想去泡温泉啊。"家庭聚会时也会有人提议"找个时间大家一起去泡温泉吧"，这时的温泉好像变成了家庭成员联络感情的一条重要纽带。日本温泉文化的普及，让温泉成为人们的非常日常化需要。

日本人对温泉似乎有着一种类似信仰的感情，这与自古以来日本人认为水是能净化灵魂的神圣物质这一想法不无关系。水不仅仅能够洁净身体，它靠地球的力量升高温度，然后涌出地表，总让人感觉有一种不可思议的魔力。

德国画家卢卡斯·克拉纳赫于1546年创作了一幅名为《青春泉》（又称《还童泉》）的画作，描绘的是老人和病人进入温泉后，慢慢地返老还童重获健康的场景，是当时的人们对温泉的热爱之情，对生命的歌颂。左边是贫瘠芜绝的岩石，老朽的象征；右边是繁茂郁葱的树木，象征着青春。衰老的身体，在还童泉水中沐浴之后满血复活，成为粉嫩的活力少女。随着日本高龄化社会的到来，温泉文化也在实现人类美好的愿望。

温泉饮食也是各家温泉旅馆比拼的焦点所在。

温泉料理一般都选用新鲜地道的当地食材，如牛肉、海鲜，或自家自产的乡土特产、特色出品。简单精致，营养丰富。温泉街上都是好吃的美食小吃店，里面各种甜品点心琳琅满目，拉面、咖啡、汉堡等现代人的休闲快餐店也随处可见。

温泉文化

在日本的泡温泉中，有一种神奇的力量，让你瞬间平复下来，在一茶一盏、一花一叶间，找到禅意的淡泊。

Chapter5

佐贺

烧制陶瓷之美

佐贺西部的有田，是日本瓷器的发祥地，有“日本瓷都”之称。丰田秀吉出兵朝鲜半岛时，带回了朝鲜陶工，这些人在九州建造制作陶瓷的窑，一部分窑厂改烧瓷器，为有田烧；一部分窑厂延续烧造传统陶为唐津烧，奠定了日本陶瓷餐具的生产基础。

吉野里

弥生时代聚落遗迹

佐贺县位于九州的西北部，在佐贺县的最西北部，是日本海和东海的连接水域玄界滩，可以享受沙滩、海水浴。在佐贺县的最东南部，是围海造田的有明海，5 月上旬，可以观看鹿岛市在有明海滩的泥水中进行的运动会。

佐贺市每年 10 月下旬至 11 月上旬举办亚洲最大的热气球赛。在佐贺市的南面，有嬉野、武雄两个著名的温泉乡，嬉野温泉是含钠的小苏打泉，乳化冲洗皮脂和分泌物，有利于肌肤，为日本三大美肌温泉之一。具有透明、柔和特征的武雄温泉，在 1300 年前写的《肥前风土记》中就有记载，传说古代神功皇后也到此入浴过。2005 年 7 月 22 日，被指定为国家的重要文物。9 月，这一带名叫“面浮立”的民俗艺能的表演，会带来既古又新的艺术享受。人们戴着面具，打着小鼓，一边和着笛子、大鼓、钲声，猛劲地舞蹈。据说来源于在古时的某次战斗中戴着面具击退对方奇袭的经历。

在佐贺市的西面，有烧制有田烧（伊万里烧）、唐津烧等品牌的陶瓷生产地。据说 17 世纪从朝鲜过来的陶工李参平在泉山发现了优质的陶石，创始了有田烧，生产出口的品牌。近年，有田町生产各种类型的陶瓷器，包括日用品，产量占县的 6 成。每年 5 月初的黄金周，有田町举办大型的陶器展销会，一天聚集 20 万人。

在佐贺市的西北面，是知名度很高的唐津市。唐津除了有国家的特别名胜虹松原这一自然景观、有个建于 1602 年的历史悠久的城楼、有轮渡去壹岐岛外，还有观赏性极强的唐津神社的秋季例大祭“唐津供日”。“唐津供日”每年11月2日、3日、4日举行。第一天晚上，点着灯笼集中到唐津神社前，第二天，在神前舞狮子后，抬着14座“山”在旧城下行走8公里。最后一天到各家各户转着吃。“唐津供日”抬“山”的做法类似福冈的栉田神社博多祇园山笠，但最后不快速奔跑，也不是把“山”拆掉，而是收纳在唐津神社西邻的展览的地方。漆器制作的这14座巨大的“山”，制作于数百年前，指定为佐贺县重要有形文物；“唐津供日”这项活动被指定为国家的重要无形民俗文物。

盘点佐贺县的旅游资源，一年四季，适合春秋航空公司每周3个班次的度假的景点不少。佐贺机场自1998年开港到2011年，累计赤字30亿日元，于是，引进了春秋航空公司的上海至佐贺的国际航线。佐贺人很热情，一下飞机迎面就有“欢迎来佐贺”的字样。

出境时的小卖部，更是摆满了当地的特产，被推荐了免税范围的3瓶佐贺产的获得金奖的纯米酒。在吉野里历史公园，门口有中国的工作人员等候，解答各种提问。门口发放的导游图和园内各处的说明牌一概有日文、中文、韩文3种语言，方便于使用这几种语言的国家的游客们自由行。

尽管如此，佐贺毕竟地方小，而且吉野里历史公园位置偏僻，虽然从佐贺站到吉野里电车只需2站至3站（介于神埼和吉野里的两站之间），但在白天的某些时间段，一小时只有1班车。而且站与站之间的距离长。佐贺站至吉野里站的3站路，在不存在堵车的情况下，出租车行驶时间也需要二三十分钟；吉野里站前标明的出租车停车点没有空车等候，打电话叫后要再等15分钟。做好这样的应对准备以免耽误行程。

佐贺县吉野里遗址发现于1952年，从1986年起开始了大规模的发掘工作。

人们在这里发现了吉野里地区的部落在长达700多年的时间里全部发展脉络：它存在于自公元前3世纪至3世纪的弥生时代，可以说是日本开始栽培水稻，定居生活文化的起点。由于其重要的历史地位和极高的学术价值，吉野里遗址被评为“日本国家特别历史古迹的文化遗产”。

吉野里遗址是目前已出土的弥生时代规模最大的遗迹。吉野里遗迹显著特征是拥有内壕和外壕双重环壕，两环壕之间还有木栅、土垒等防范外敌入侵的设计，具有类似近代城郭的防卫功能。

吉野里遗迹沿袭了绳纹时代的竖穴式住居，是新石器时代世界各地文明常见的居住方式。在中国以仰韶文化的西安半坡遗址为典型代表。

旧石器时代：距今约 4 万年前，日本列岛有人类生活居住，使用石器。

绳纹时代：距今约 1.1 万年左右，冰河期结束。

弥生时代：距今大概 4000 年前，出现水稻耕植，铁制农具传入。

吉野里遗址是全日本唯一一个可以追溯弥生时代上下 700 年的遗址。弥生时代，日本“稻作文化”开始，定居文化扎根，是日本文化的原点。这一时代距今 1700 ~ 2300 年前，延续了近 700 年。吉野里遗址目前已经将距今约 1800 年前的部分进行了复原。园区内的植物也尽可能采用了从弥生时代就存在的古老品种，如当时的代表作物——红米。

九州有好几处闻名海内外的遗址。1978 年 7 月 21 日，从福冈县福冈市的板付遗址中，发现了印在夜臼式陶器片上的稻壳的压痕和 100 多粒炭化的稻米，这 100 多粒炭化的稻米是日本迄今发现的最古老的米粒，是目前在日本栽培的日本品种。据说朝鲜半岛还没有发现同时代的米，这推翻了关于日本的水稻种植从朝鲜半岛传入的定论，形成了是从中国南部直接传入的这样一种共识。

位于佐贺县佐贺市的吉野里遗址的发掘进展，被寄予了厚望。因为之前人们关注的只是博多湾一带，并且，据《魏志·倭人传》记载，该书中提及的名叫奴国、一支国（壹岐国）、对海国（对马国）等的岛国都在邪马台国的统治下，而邪马台国的情况并不为人们知晓。莫非这就是邪马台国?

吉野里遗迹位于从脊振山地南麓伸向平原的带状的段丘，人们很早就知道佐贺平原东部段丘多，有很多东西埋藏在这些段丘中，并陆续发现了一些。20 世纪 80 年代，人们对丘陵部和水田部分别进行了调查，确认有埋藏文物的面积约 58.3 公顷。1989 年，明确为日本最大的环壕集落遗址。目前一部分在继续发掘，一部分复原整备为国家管理一部分的吉野里历史公园。园内大概分为以下四个区域：以历史公园中心为主的拥有影像设备以及饮食设施的“入口区”，被认为是高身份人居住的南内城以及举行“国家”祭祀活动的北内城“环壕部落区”，面积广达 20 公顷可进行各种娱乐活动的“古代原野区”，公园北侧的“古代森林区”建成既能保存绿色自然，又能进行各种学习及生活体验的区域。

吉野里历史公园共有东、西、北 3 个入口，均有园内巴士运行。主入口是门口有迎宾的吉祥物女孩的东口。女孩名叫“yayoyi”，是“弥生”两个汉字的发音。Yayoyi 胸前的半圆，标示当天的年月日数字，和 Yayoyi 一起留个影，很有纪念意义。

在大多数的纪念品上，印有一男一女，男孩是哥哥，叫“himika”，取自这里过去的地名。这个名字还与邪马台国的国王卑弥呼（himika）同样发音，让人联想到记载日本情况的最古的记录《魏志·倭人传》中出现的“邪马台国”的时代。2001 年，国营及县立吉野里历史公园开园，2006 年，在纪念建园 5 周年之际，诞生了妹妹 yayoyi。

从环壕入口处进入，这里是吉野里集落的正门。填了外壕造土桥，内侧有很大的门。门的两侧有为防敌人侵入的特别装置——鹿砦（乱杭），可知此地的重要。

先到南内郭。一块牌子上写着“若需导游请吱声”。招呼后从低矮的住穴中走出一位很健康的六七十岁的老人，正在那里换工作服，做迎接这第一个游客的准备。

南内郭周围被环壕和城栅围了起来，设有东、南、西、北 4 处瞭望台。瞭望台高于三层楼房，拾阶而上，整个遗址尽收眼底。瞭望台具有在警戒敌人的同时，显示吉野里集落的权威象征的作用。除瞭望台外，这里共复原了 20 栋建筑物，有王室住家、厨房等。住居是竖穴住居，陈列着在此出土的当时只有极尊贵的一部分人才拥有的铁制品。因此，这里被认为是吉野里的鼎盛期，统治吉野里集落以及周围村子的王和首领层居住的地方。

南内郭的居住者们具有祭司者的性质，从这附近发现的青铜器铸型来看，他们有担任青铜器和玉等的祭具的制作和调拨的可能性。最高政权者（王）还起到了祭司者的统括作用。

然后到了北内郭。北内郭不仅对于吉野里集落，而且对于以吉野里为中心的整个国都是最重要的地方，是决定插秧和割稻的日子、决定每个季节的祭典的日子、决定举办大的集市的日子等，关于国家重要事情的礼仪性商量和祭祖的场所。并且，重要的事情通过商量无法解决时，请最高祭司者听听祖先的声音，根据这个声音来决定。这里复原了大祭殿等 9 栋建筑。

北坟丘墓是 2100 年前，历代王族以及类似身份的人下葬的特别坟墓。

人工土丘，堆了好几层不同种类的土，建造得很牢固。从里面发现了 14 座瓮棺。

瓮棺墓列是一般人的墓地。瓮棺是九州北部特有的棺材。把死人的手脚折弯，放入大型的陶器里埋入土中的埋葬方式，在弥生时代中期的约 200 年很盛行。集中埋在土丘的各个地方，推测埋葬的数字超过 15000 座。在坟丘墓的北侧，正中间设有路，路的两侧共有 2000 多座瓮棺整齐地排列着，长度达 600 米。

内村是侍奉神的祭司者制作各种用于在北内郭进行的祭典和仪式、政事的物件的场所，酿造献给神的酒，养蚕纺丝，织绸，并且制作用于祭典的工具等。

仓库和市场被视作吉野里王国的交易中心。复原了出入监视塔、保管仓库、管理集市的市政楼等 31 幢建筑物。这里集中了与海外的交易品和日本各地的国的特产品等，支撑着开盛大的集市，保管在集市交易的物品。附近流着较大的河，方便于船的进出，整个地区被大壕围得严严实实。

南村是吉野里集落的普通人居住的地区。复原了竖穴住宅、干栏式仓库等 27 栋建筑。

古代植物林、古代植物馆再现了弥生时代的森林。据介绍，在人类移居到吉野里遗址之前，吉野里的丘陵地生长着栎树和栗子树等的落叶树，以橡树和米槠等的宽叶树林为主。随着水稻种植正式开始，因砍伐等，森林的姿影逐渐变化。

在吉野里遗址西侧的冲积地，出土了木制品锄、锹、镰、斧、臼、棒槌等农具和容器以及建筑材料。到目前为止，在吉野里遗址发现的木制品超过了 200 件。

在遗址南端的丘陵上，发现了吉野里遗址最古老的环壕遗址的一部分。从环壕遗址内部出土了大量的陶器和石器，有明海产的牡蛎、红螺蛳、管角螺等很多贝壳和狗、鹿、野猪类等的兽骨，用于青铜器铸造的风箱的风口和压轴瓶等。在弥生时代的前期，开始了青铜器铸造。

在弥生时代中期，发展成整个地围绕南部丘陵超过 20 公顷规模的环壕集落。内部有许多竖穴建筑物遗址和穴仓遗址，居住区与仓库区分开。内部有大量的陶器和石器、模仿外洋航行船的船形木制品，还有青铜制的耳环 1 对和数件朝鲜系无纹陶器（片）。

到了弥生时代后期，集落规模向北方扩大，终于发展成超过 40 公顷的日本最大规模的环壕集落。内部备有瞭望台，拥有大型祭殿首领的居住和祭祀场地的北内郭和高阶层人的居住区的南内郭等，设了用内环壕围起来的空间。西面聚集吉野里的“国”的物资，设了有集市的干栏式仓库群。在用环壕、城栅、瞭望台等的防御设施牢固守护的内部，集中居住很多人，有青铜器和铁器、木器、绢布和大麻布等手工业生产和各地的手工业产品及人们聚集交易的集市，可以看到发展成弥生都市那样的中心集落的面貌。

吉野里遗址的最古老的墓，有弥生时代前期后半的土坑墓和木棺墓、瓮棺墓等，但到中期，之前分散的瓮棺墓地归集成长达 600 米的列状埋葬的墓地。这些主要形成于中期环壕集落的外侧北方，成为现在公园的古代森林区。北坟丘墓对温度和湿度进行恒温恒湿管理，可以直接看遗址。

作为公园，这里还有“游乐原野”，有柔软的半圆形屋顶室蹦床、旋转滑梯、幼儿游乐玩具等，还有“弥生大原野”，在辽阔的草坪广场，可以享受各种娱乐活动，包括场地高尔夫球，并设有野炊区。

弥生时代是日本文化的原点。要了解日本，不能跳过这一时期。吉野里遗址不仅规模大得多，埋藏物也丰富得多。从“村”往“国”的中心集落至都发展的过程清晰。

吉野里遗址以吉野里为中心的整个国，大约住着 5400 人。人们取火的方法有用手摩擦棒子，有把弓的弦缠在棒子上摩擦。从该遗址发现了铸造的痕迹和铸型、坩埚、镰、锹等的农具及斧等的工具，并且，出土了高纯度的锡片，可以知道弥生时代有配制青铜的技术。吉野里出土的铁制品是加热加工来自朝鲜半岛和中国的东西。到了弥生时代，铁和青铜这样的金属器也传入日本，人们的作业能力飞跃提高。在屋顶和门的上边，停着木制的鸟。弥生时代，鸟被作为神的侍者，保护运来的稻子等粮食远离恶灵。

从吉野里遗址可以窥见弥生时代日本人的一斑。在食物方面，除了从中国大陆传入的稻米以外，还种植小麦、小米、稗子、小豆等的杂粮，还吃各种山珍海味。共有小麦、小米、黄米、豆、瓜、橡子、牛奶、野猪、鸡、鹿、熊、狗獾、狗、鲫鱼、鲤鱼、鲨鱼、鲈鱼、鲹、田螺、河贝子、大和蚬等食物。当时，不使用筷子而用手抓。《魏志·倭人传》里关于倭人的食生活写着“倭地温暖，冬夏都食生蔬菜”“饮食用高杯，用手抓着吃”“人们生来爱喝酒”等。

《魏志·倭人传》写着男人穿横幅衣（仅仅用布缠身）；女人穿贯头衣（在布的中间挖一个洞，把头通过去，盖在身上）。从各地的遗迹出土的纤维中，弥生时代织的布宽30厘米左右，因此，衣服是用两块布，留下头和胳膊的部分，在腋下缝合的。《魏志·倭人传》记述人们赤足，但是，从吉野里遗迹和福冈县的那珂久平遗迹出土了把木板浅浅地剜去一些的木屐的遗物。

弥生时代维持生计的职业主要是以水稻种植为中心的农业。从各地的遗迹出土了各种农具，包括耕地的农具(锄头、锹等)、收获的农具(石刀、镰等)、脱粒的工农（臼、竖杵等)，延续到今天的基本农具已经大体齐全。弥生时代前期，锄和锹的刃都是木制的，但中期以后，出现了头上安装铁刃的。收获用具也从中期后叶至后期，从用石刀等摘取穗变化为从根部割的镰刀。

弥生时代的日本人平均活不到40岁。小孩的死亡率特别高。吉野里遗址的瓮棺40%是小孩用的。在吉野里的墓中，并不全是瓮棺墓，其他还有土坑墓、木棺墓、石棺墓、壶棺墓等。

遗址里还有和遗址一样长寿的莲花——大贺莲。

大贺莲是以日本著名的植物学家大贺一郎博士的名字命名的。1951年大贺一郎和学生们从地下约6米的泥炭层中发现了3颗莲心，他把莲心寄往芝加哥大学鉴定，结果弄清了是约2000年前的弥生时代之物。大贺一郎随即进行这3颗莲心的发芽实验。2颗失败，剩下的1颗发芽成功。古莲开出了漂亮的粉红色的花。后来移植到千叶市办天池开出4 ~ 5株花。被指定为千叶县天然纪念物。

古莲新生的“大贺莲”，也被移植到了它原本所处的那个年代的吉野里遗址，与那些茅草屋、原始草木相伴，一起展示着延续了数千年的顽强的生命力。

吉野里

吉野里遗址，从南内郭瞭望台眺望到北内郭。展出有作为棺材的瓮棺，以及为防敌人侵入的特别装置——鹿砦。遗址里有盛开的2000多年寿命的大贺莲。

有田町 日本的『景德镇』

九州佐贺县的有田町，从1616年起，约400年前的江户时代开始做瓷器，是日本最早开始生产瓷器的地方。现在日本有各种类型的陶瓷器，而有田地区主要的瓷器以餐具居多，约有200家制作陶瓷的场所。整个小镇上一家接着一家的陶瓷品店，让人目不暇接。目前国际市场上的日本日用瓷产品占据了欧美外来瓷的很大一部分位置。有田和中国景德镇、德国迈森并称全球三大瓷都。

有田烧最大的特别之处是将泉山陶石头粉碎之后做成黏土，不添加任何东西，烧出来的瓷器叫作有田烧。从矿区采取陶石，以人工用铁锤敲碎，再利用水碓舂打成粉状。淘洗除去杂质，沉淀后制成砖状的泥块。反复清洗揉捏，使泥中没有杂质且水分均匀。

有田是日本最早出现瓷器的地方，丰臣秀吉出兵朝鲜时，地方藩主带回了陶工李参平，他发现泉山的陶石，之后召集在日本的朝鲜陶工移居有田，朝鲜人李参平也被日本人称呼为“陶祖”，日本白瓷因而诞生。

出了有田车站走10分钟，就看到在山坡上的九州陶瓷博物馆，一条小河在山下流过，远处的青山雾气缭绕，如同仙境。

九州陶瓷博物馆收藏了包括肥前地区陶瓷在内的九州各地约2.4万件陶瓷，向欧洲出口的“蒲原收藏品”以及常年展示的约1000件“柴田夫妇收藏品”等江户时代的有田烧藏品，这些都是大饱眼福绝对不容错过的作品。

蒲原先生（1896 ~ 1987年）是有田町出生的名誉町民，他把一生收集藏品捐赠给陶瓷博物馆，大部分是距今约300年前在有田制作的出口欧洲的产品。

江户时期的瓷器制品称为“伊万里”，因由伊万里港输出而得名，后以产地命名而改为“有田烧”。有田烧最具代表性的式样可分为柿右卫门、古伊万里及锅岛三种。

有田烧最初是模仿中国景德镇的瓷器，在模仿和制作过程中逐渐变成了日本独有的图案。唐宋时期很多器皿都是花瓣造型，这种风格对日本影响至今天。有田烧便是继承、保留并发扬了这一传统。

在中国明末清初时期，中国外销瓷的供应和运输一度中断。原本专门销售中国景德镇瓷器给欧洲国家的荷兰东印度公司，将目光转移到了与中国瓷器风格相似的日本有田烧上，把它作为中国瓷器的替代品。日本外销瓷的造型与中国瓷非常相似，但又明显带有日本风格，茶杯、酒杯、碗、碟子等日用瓷器的边沿多以描金装饰。有田烧在当时的欧洲各国受到许多好评。

有田烧的“菊瓣纹”为最。深受大宋文化的影响，千载而下，日本人生活中，从插花到茶具，从绘画到服饰，菊花纹样比比皆是。

有田烧，其独特的上彩构成样式之美，日本瓷器最早以中国风味的图案，颜色以或浓或淡的蓝色为主，形成初期特有的质朴风格。当时有位叫喜三卫门的商人经常出入长崎，在那边得到了中国赤绘的调色法，根据配方试验了多次，终于创造出他理想中的红色。从此，赤绘技术更加带动了有田烧的发展。染付蓝色和绘上的红色组合被称为“金斓手样式”的瓷器，加入了金彩的豪华艳丽，有田烧奠定了日本瓷器的基础，将日本之审美传播到全世界。

“柿右卫门样式”使用的是叫作“浊手”的上等乳白色素胚，乳白色的瓷器底色，空白处的图案形成左右不对称的构图，绘上精致的陶器彩画，凸显东洋之美。

由于当时中国瓷器处于“孤芳自赏”的状态，柿右卫门样式的有田烧大量出口欧洲。随着欧洲文化的影响，又开始向欧式审美靠拢，成就古典瓷器。

17 世纪后半期，藩窑的技术“锅岛样式”得以确立，高雅的器皿烧制出品。

锅岛样式是当时统治佐贺县一带的锅岛藩的御用瓷器式样。细分为以白底青花和红、黄、绿为基调的“色锅岛”和单一蓝色精细描绘的“蓝锅岛”，以及蓝绿色的“锅岛青瓷”等。

有田烧按制造的时期、样式，大体分为：初期伊万里、金斓手样式、柿右卫门样式、锅岛样式。

有田陶器市场已举办 100 多场。适逢黄金周，到访的客人超过百万。

有田街上的瓷器小店，瓷器白皙硬度高，纹样典雅华丽，同时秉承着独特古老的“浊手”乳白留白与优美鲜艳的“赤绘”技法。优雅的染付，华丽的赤绘，纤细的手绘造成了有田烧生动的韵味。

有田町

● 九州陶瓷博物馆，一条小河在山下流过，远处的青山雾气缭绕。

● 泉山磁石厂的石块。

柿右卫门样式

● 酒井田柿右卫门大盘。

● 色绘菊牡丹文角瓶。

锅岛藩的御用瓷器式样

●当时统治佐贺县一带的锅岛藩的御用瓷器式样，细分为以白底青花和红、黄、绿为基调的『色锅岛』和单一蓝色精细描绘的『蓝锅岛』，以及蓝绿色的『锅岛青磁』等。

伊万里烧

●九州陶瓷博物馆内展示的向欧洲出口的伊万里瓷器。

●伊万里港出口染付蓝色和绘上的红色组合被称为『金襕手』的瓷器，加入了金彩豪华艳丽。

有田街景

● 有田街上的瓷器小店，瓷器白皙硬度高，纹样典雅华丽，同时秉承着独特古老的『浊手』乳白留白，与优美鲜艳的『赤绘』技法。

● 有田町秋冬小景。

● 有田站。

唐津 茶人爱用唐津烧

唐津在日本九州岛西北部，原是港口，有通往中国的贸易路线。在奈良时代，唐津是中国唐代的船只到日本运送货物的重要港口，唐津与海外的交流广泛。唐津烧指处于九州西北部面临唐津湾的众多的窑出品。

唐津城市很小，300 多年前直到明治时期，佐贺县和以前肥前国大部分烧制出的“唐津物”都汇聚到了唐津，他们用舟把这些陶瓷器运送到濑户内海的周边和日本海沿岸的地方。

丰臣秀吉在统一日本之后，爆发了文禄庆长之役，这次战争被称为“陶瓷之战”，因为日本为了运输武器，带回了大量的朝鲜陶工回国，战败回国的大名为了谋生，也陆续创建了许多窑厂，如福冈县的高取烧、上野烧、鹿儿岛的萨摩烧、山口县的荻烧等等，这对日本陶艺业产生了非常大的影响。唐津烧的工艺是古代传承下来的，但朝鲜陶工的新技术和审美风格给唐津烧带来了新的活力，并在当地的藩主锅岛胜茂支持下发展起来，带动了当时日本陶业的兴盛。

由于朝鲜陶工李参平发现了瓷石，一部分窑厂改烧瓷器，也有一部分窑厂一直延续烧造传统的唐津烧。朝鲜陶工越洋跑到日本的佐贺县、长崎县一带的备前，也就备前烧的地方，把技术传给日本。九州瓷业兴起后，朝鲜陶工带来的先进技术为日本瓷器的发展带来了重要影响，比如脚踏辘轳、装饰镶嵌技法都传自朝鲜。如果你跑去唐津地区参观窑口，还可以看到手艺人端坐在辘轳车旁，修坯、利坯，还原器物之美。

手艺人，日本称“职人”，世代相传。朝鲜人引入了来自中国的龙窑，龙窑热效率高，可大规模生产，日本陶瓷产量迅速提高。后来发展到窑址有 200 多个。

如今在肥前一带的烧造唐津的古窑厂大部分已经荒废了。

日本的茶道流传“一乐、二荻、三唐津”“东濑户、西唐津”等传统。

唐津烧在茶道中用的茶具被分为奥高丽、米量、根拔、中尾唐津、是闲唐津等几种，唐津窑烧制茶陶，是在丰臣秀吉出兵朝鲜后兴盛的。丰臣秀吉非常喜爱和推崇茶道，举办了多次豪华的茶会，邀请众多名流和大名以拉拢、巩固自己的实力，只有身份高的武士才能参加这种高档的娱乐活动。

丰臣秀吉身边的第一茶头千利休却把茶道的精髓推向极致，影响至今。

千利休认为：茶道艺术应该摒弃所有与茶无关的内容，追求内心的纯净。主张使用粗制的陶瓷器作为茶具。他大量使用高丽茶碗等，茶室除了壁龛中的一幅挂轴或一只花瓶外一无所有，体现一种简约之美。

在千利休看来，茶道的形式、技巧其实都是细枝末节，他认为茶道最重要的就是宾客与主人都能获得一种愉悦的精神享受，营造一种互相关怀、互相亲近的和谐美。以一种“一期一会”（茶道术语，意为抱着一生只见这一次的心境对待每一次相遇）的态度对待每一次的茶会。

所谓“上有所好下必效之”。作为织田信长和丰臣秀吉这两代日本霸主最欣赏的茶道名家，千利休的茶道思想通过这些权势者广为传播，普及普通武士和百姓。

千利休规范了日本茶道中依次鉴赏茶具的规矩，这使得唐津烧等众多茶陶的地位得以极大的提升。

茶道中，挂轴、茶罐和茶碗三个道具是必不可少的。挂轴必须用纸装裱，茶罐必须用涂黑的枣罐，茶碗必须要有裂痕的。

众多的茶道具中，茶碗的地位最高，因其使用频繁、种类多、价格最高和最考究。鉴赏一只茶碗会依次询问窑场、外形、雅号的由来，使得名贵的器具被记录和保存。

茶碗按照产地不同分为中国茶碗、朝鲜茶碗和日本国产的茶碗。而朝鲜陶工传来的唐津烧多属于朝鲜茶碗，又称为“高丽茶碗”。

在日本，把陶瓷器统称为“濑户物”和“唐津物”。

虽然说茶道是隋唐时期遣唐使传播到日本的，但真正普及的是荣西禅师二次入宋回国后，将茶种及天台山的茶风带入日本。宋代禅茶盛兴使用的黑釉盏，被富商传入日本，起了“天目盏”的名字，成为地位非常高的日本茶碗，影响了茶道的审美。

唐津烧古朴随意的茶陶风格，是因为泥料与釉料的制作过程中的意外结晶。唐津烧选用的泥料一般是直接从山里采集的，由于不经过淘洗的过程，烧制后质量重，泥料中含铁量高，颜色较深，大多呈暗鼠色，泥料中砂气重，呈现毛糙的效果。坯体里总会有一些小石子，在烧成的过程中有的石子的部分会产生爆裂，出现爆石现象，由此导致釉料不均匀，从而产生一种残缺却又朴素的美感，受到众多茶人的喜爱。在桃山时代，有一个种壶，非常珍贵，它之所以吸引人们的眼光，是因为上面的一个伤痕，这是由于在烧窑过程中黏土中的小石子蹦出的痕迹。这种不完美，更加强了它的真实性，这就是人们所追求的品质。而釉料大多是农家烧饭后炉子里留下的灰烬，土灰、栎树灰、椿树灰，平民化的着色。灰色底釉，再加上深褐色的彩绘，便是其代表性的样式。这种尊贵的搭配，是许多人所中意的颜色。

绘唐津，是以野草等简单的图案为主，其魅力在于用笔的精美妙，线条精美，又适当留白，就具有了这种美感。

1988 年，“唐津烧”陶器被指定为日本国家传统工艺品。

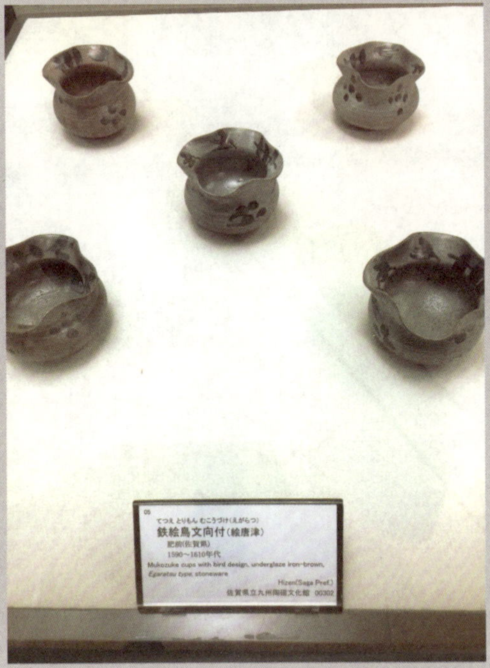

唐津烧

唐津窑烧制茶陶，是在丰臣秀吉出兵朝鲜后兴盛的。丰臣秀吉身边的第一茶头千利休把茶道的精髓推向极致，影响至今。

天宇受売命

Chapter6

宫崎

神话的世界

日本人对自然现象的敬畏，贯彻在日常生活中的神教信仰形态，从古到今都是。神社在日本多种多样，供奉着神话里各种的神明，展现出不可撼动的存在感。人们带着各自的愿望走向神社。

高千穗 天照大神降临的地方

在九州山地的中心地带，五濑川流经的村中心有一个美丽的小町，那就是高千穗町。它位于宫崎县的西北部，与大分、熊本两县相邻，高千穗因是日本古代神话的舞台而广为人知。

高千穗村的天岩户神社内有一处岩石建造的洞穴，据传是描述世界陷入黑暗的“天岩户传说”中发怒的神居住的地方。高千穗神社每晚都要举行夜神乐，让神开心。

高千穗还是与日本建国相关的神话传说中的地方，散布着高千穗神社、国见丘、天岩户神社等许多与神话相关的观光景点。耸立在神社内的有 800 年树龄的秩父杉。

传说天照大神藏在天岩户中洞窟中，太阳神天照大神藏起来之后，世界被黑暗包围，但无论人们做什么，怒不可遏的天照大神都坚决不出洞窟。于是众神在思考对策，艺能女神天钿女命散开衣服跳舞，众神开心大笑，听到笑声的天照大神微微打开了天岩户，手力雄神立刻抓住她的手把她拉出来。世界再次变得光明。

天岩户神社东本宫没有神职人员常驻，参拜者也没有西本宫那么多，但是那里有很多与天岩户神话相关的东西，比如招灵之树。

高千穗峡谷两岸沿途是略带红色的安山岩绝壁。最值得一看的是翻腾着白色飞沫、从高达 17 米断崖飞泻而下的真名井瀑布。峡谷沿途建有约 600 米的徒步游览路，从春天到初夏，山樱花、杜鹃花、紫藤装点岸壁，秋天红枫尽染，一年四季可以观赏不同景色。

高千穗

天岩户神社在九州宫崎县高千穗，有很多与藏身天岩户神话相关的东西，比如招灵之树，天钿女曾将树枝拿在手上跳舞。

位于宫崎县的高千穗峡谷，被日本指定为国家名胜和天然纪念物，柱状节理的断崖连绵不断。无论是何时来到这里，都可以欣赏到绝美的景色。

神道教 日本人的自然崇拜

古代日本列岛以水稻耕作为主，所以他们都信奉带来丰收的太阳神。尤其是在面向太阳升起的伊势地区，自古便盛行太阳神信仰。伊势地区也是大和王权向东扩展的据点，所以大和王权的首领也信奉伊势的太阳神，并把她当作王权的保护神，即天照大神。

传说中第一任天皇——神武天皇，是天照大神的后代，他在公元前660年建立了政权，成为日本历史上第一位天皇。日本有一个“纪元节”的节日，选在2月11日，用来纪念传说中第一任天皇——神武天皇的即位。每到这一天，日本放假一天，天皇会在宫殿中举办盛大仪式，摇拜创造了日本国的神武天皇。举国同庆，全国的小学生以唱歌的方式一同参与纪念仪式，所以，从小开始，日本人就深深地沉浸在神道信仰的洗礼中。

电影《龙猫》中有这样的画面：父亲带着两个年幼的女儿向被奉为神木的巨大樟树问候致意。人们敬畏巨树、巨石、气候和自然现象等超越认知的存在，并认为其中必有神明，这样的感受非常原始。神道教在日本人的生活中已经继承下来，是日本的传统宗教，但跟其他的宗教相比，它没有严格的组织，也没有像佛经或《圣经》那样的经典。在历史上，它反映着日本人对于自然的崇敬，有时候又跟佛教信仰混在一起。

神社是了解日本神道教的地方。神社的魅力是多样性，即使祭祀的神明相同，在性质和信仰形态上也有很多不同之处。不像佛教那样拥有系统的经典和教义，而是从日本各地的民间信仰中提炼出来的，朝廷对神话进行了编纂，此后祭祀的制度化，在这个过程中，每座神社都确立了自己的文化。

人们带着各自的愿望走向神社，自古不变的参拜习惯，带来了安心、宁静和怀旧，以及肃穆感，这都是神社吸引人们存在的理由。

鸟居是神社的标志，关于鸟居的起源有多种说法，比如从古代印度、中国传来的牌坊。

鸟居最初就是从神道教的传说中诞生的，是一种类似于中国牌坊的日式建筑，常设于通向神社的大道或神社周围的木栅栏处。主要用于区分神域与人类所居住的世俗界，代表神域的入口，可以将它视为一种“门”。

此外，在地图上，日本人也把神社的标志定为鸟居的形状，有神社的地方一定就有鸟居。可见，鸟居在日本人心中有着神圣而特殊的地位，可以说它象征着日本的传统信仰文化。象征神域的鸟居和垣最早存在，后来受到佛教的影响，楼门、回廊、石灯笼也有了，神乐殿和舞台是伴随仪式和祭典规范化而出现的。

太宰府天满宫，是天神所在的地方。天神原本指高天原的神明，后来，成为一位广为人知的天神，他的原型是菅原道真，一个从怨恨到智慧的天神。天皇的宫殿内发生了雷击事件，劈死了与菅原道真被贬一事相关的贵族，因此被看作菅原道真的怨灵显现。此后，人们不断强化他的国家守护神的身份，以及诗文、和歌、书道之神的一面。菅原道真被塑造成拥有卓越学识的高贵之人，天神大人就是这样成了“学问、考试之神”。建在菅原道真墓地的太宰府天满宫是为了镇魂而创建的。现在日本各地都能看到供奉他的神社，牛是天神的使者。

神社当初都是没有本殿的古老自然形态，祭祀巨石、山和自然现象。基于万物有灵和自然崇拜，形式多样，在这古老的信仰中，每次举行祭典，人们都会建造临时的祭坛呼唤神灵，祭典结束后再将神明送回。

神社供奉的神明，从山峦、岩石、瀑布等自然界的事物，到异形之物、有权者，还有各种各样的人物被奉为神明，供在神社中的还有日本人心中栖居的八百万神明。

“稻荷先生”这神明的名号后面加上“先生”二字，尽显尊敬与亲切。稻荷神社在全国有 3 万多座，神社分社数量众多，让人们觉得神明就在身边。稻荷意为“稻谷成熟”。稻荷信仰最初诞生于人们对谷物和粮食的崇敬，后来稻荷大神被尊为产业振兴和生意兴隆的神明，还是宅地的守护者，可谓是神通广大。

在供奉稻荷神的神社中，狐狸是神的使者。神社里各种雕像造型丰富，还携带着各式各样的宝物，狐狸嘴里叼着稻穗象征丰收，叼着钥匙是仓库的钥匙，象征富贵、心想事成，叼着宝珠象征诸事顺遂。

“荫参”是狂热的伊势参拜。伊势神宫的正式名称就是神宫，祭祀天照大神和丰受大神。伊势信仰在民间的传播起始于江户时代，每 60 年一次的集体参拜伊势神宫的“荫参”风靡一时，参拜者摩肩接踵，依靠沿途的施舍前往伊势。伊势神宫每天早晚都会向神献上食物，从不间断。

神社的神明能够倾听人们脑洞大开的愿望，赐予人们恩惠。如西宫神社，为了获得“第一福”，无数人在神门打开的瞬间冲了进去，前三个到达本殿的人就是当年的福男。这里供奉的是商业繁荣之神——惠比寿大神，祈求财运。人们会奉上金枪鱼，祈祷商业和渔业繁荣。金枪鱼太大，无法供在本殿，因此放在拜殿。

还有供奉带来幸福缘分的邂逅之神的出云大社，以及人气旺盛的结缘护身符的东京大神宫，有很多女性参拜者，护身符设计丰富多彩。东京大神宫还举办过最初的神前婚礼——1900 年明治天皇第三皇子的婚礼。

佛教传入日本是在 6 世纪，神佛相遇的初期，神明也曾向佛寻求帮助。为了积累功德，人们修建了神宫寺，是附属神社的寺院。但不久之后，神就转变为保护佛教的角色，在寺院中建立起了镇守社，里面供奉着佛教的保护神——八幡神，以僧人的姿态出现，与佛融合的“八幡大菩萨”。日本的神明以佛教僧人的形象出现，展现了佛教与神的紧密关系。八幡神将生物放归自然的“放生会”仪式就源于佛教禁止杀生的思想，带有佛教痕迹。这样的神佛关系在日本各地都很常见，直到明治年间神佛分离。

近代日本国家供奉的神明是天皇。明治政府上台后，立刻颁布官方命令，要把神道跟佛教清清楚楚地分别开来：神道是国家的信仰，佛教不是。

在国家所支持的神道中，天皇有着最高的地位。天皇象征着近代日本国家的威严。根据官方的版本，天皇是天照大神的后代，而天照大神是由开天辟地、创造世界的天神伊奘诺尊所生下的，天皇跟一般人不一样，他是带有神性的。和世界上其他的国家一样，日本在进入现代世界的过程中，创造了许多神话，天皇崇拜就是其中之一。一直到今天，神话依然以不同的面貌，活跃在日本社会的各个角落。

为了加强神道作为官方信仰的地位，明治政府甚至推行消灭佛教的运动，避免它和神道竞争。在这股风潮中，许多佛寺被烧坏、捣毁，许多僧侣被迫还俗。

明治时代以前，宫寺内矗立着多种形态的建筑，但神佛分离后令所有佛教建筑消失无影。基督教同样因为跟神道信仰有所冲突，遭到官方的取缔和管制。

明治政府强调，神道和其他的宗教不一样，因为它不是宗教，它是属于国家的信仰，是全民都需要参与的义务，没有人能够置身事外。为此，又制定了一系列新的纪念日。最重要的日子是明治天皇的诞辰 11 月 3 日，这一天被命名为“天长节”，借用“天长地久”的意思。每到这一天，全日本上下必须热烈庆祝，这是一个属于天皇的国家。

1912 年，明治天皇去世，被安葬在伏见桃山陵。东京市民发起了“愿在东京建设神宫”请愿活动，随后，创建了明治神宫。现在，每年 12 月 31 日到翌年 1 月 3 日，到明治神宫进行初次参拜的人数排全日本第一。

紧邻 JR 原宿站都市中心的巨大的明治神宫社殿，建筑在广阔的森林中，人工种植了 10 万棵树，由此形成森林，在都市里创造了一个神圣的空间，参道上有 3 座鸟居。宝殿里陈列着明治天皇和皇后的日用品、喜爱的书籍等。

参拜神社，有一系列固定的流程。

首先，在穿过神域入口的鸟居时要鞠一躬，并避开中央的神道，从两侧通行。不能在参道中央行走。

接下来就到手水舍，要在这里将手和口洗干净，不能用嘴直接接触长柄勺，而是用倒在左手中的水漱口。神社非常重视清洁。随后沿着参道前行，前往社殿参拜。礼拜的方式一般为二拜、二拍手、一拜，但有些神社的参拜方式不尽相同。出云大社的参拜方式为二拜、四拍手、一拜。

进行正式参拜时，参拜者需要进入拜殿，听完祝词后奉上玉串，完成后喝下供神的神酒，品尝供神的东西，便可获得神的灵力。玉串是杨桐枝，与供给神明的食物具有等同意义。

出云大社拥有规模宏大的古殿建筑、日本第一的大鸟居牌坊。其正殿高 24 米，除规模远远大于伊势神宫内宫的正殿以外，其最重要的特征在于入口设在山墙一侧，这种独特的神社建筑样式称为“大社造”（伊势神宫的形制称为“神明造”），现已被列入国宝级文物。据说这种形式的建筑物，是日本古代贵族大家的豪宅式样。

出云大社作为日本最重要的民间神社，以“结姻缘”的神灵而闻名，吸引着络绎不绝的参拜者。它实际上是个古老的神社，据说站在神乐殿重达 5 吨的巨型稻草结“注连绳”底下，拿着硬币往上丢，能成功不掉下来便会带来好运。

想结良缘的帅哥靓女，成双结对，他们大都穿的是白袜子，女孩穿白袜子显得纯洁、白净。日本民族性的祭典、婚丧嫁娶、成人典礼、团队运动（野球），漂亮的和服必配白袜子。

白色象征正直和纯洁。日本人结婚时新娘的礼服都是白色的，新郎则是黑色西装白色领带。白色又象征和平。白色在日本人审美意识中具有头等重要的位置。它是美丽与洁净的象征。

在日语里，“美丽”这个词兼有“洁净”的意思。同样，“洁净”也兼有“美丽”，两者是互为条件地看待。美丽的东西一定是洁净的。在日本进门脱鞋的礼貌中，白袜子是最基本的修养要求，脚上的白袜子是否干净一目了然。

在神社里穿白袜子，是以洁净隐喻高尚的灵魂。这些良好的习惯的养成很大程度上可能与日本人的神道信仰有关，人们避免接触一些“污秽”或者“脏”的东西，尽可能地保持自己身心洁净。

神社和鸟居

京都八坂神社，最初举办的祇园祭，是为了驱除疫病，后来，祇园信仰传播至日本各地，建起了祇园社与天王社，明治时代后，其中有一些改称八坂神社或八云神社。

鸟居是神社的标志，类似于中国牌坊，常设于通向神社的大道或神社周围的木栅栏处，主要用于区分神域与人类所居住的世俗界，代表神域的入口，可以将它视为一种『门』。

鹤岭神社

●鹤岭神社紧挨着仙严园，这里有着『女性的心愿特别容易实现』之传说。

鶴嶺神社
鶴嶺神社

Chapter7

鹿儿岛

明治维新的故乡

九州鹿儿岛的萨摩藩开启了对近代西方科技文化的学习模仿，鹿儿岛出现日本第一家纺织所、第一批英国留学生。明治维新的精英西乡隆盛、大久保利通、木户孝允、东乡平八郎，都来自鹿儿岛，日本的近代工业和明治维新思潮首先在此发轫示范。

维新三杰
鹿儿岛最后的武士

在鹿儿岛，西乡隆盛像神一样的存在，受到鹿儿岛人民的爱戴。走到鹿儿岛中央车站商店里，几乎全是他的画像和纪念品，事实上人们对他的敬慕之情近似于崇拜。前往鹿儿岛的旅行，是一次明治维新之旅。

1868 年日本明治维新，1898 年中国戊戌变法，戊戌变法比明治维新晚了 30 年，还以失败告终了，两国自此走上了完全不同的道路。近代试图摆脱殖民地命运、跻身列强的非西方国家几乎全都失败了，唯一的例外就是日本。

在明治维新中起到关键作用的，有两个最重要的藩：长州藩和萨摩藩，萨摩藩是日本最南部的一块领地，它的首府就是鹿儿岛。缔造日本明治维新的几个关键人物，对许多日本人而言，他们是不能遗忘的英雄。在明治维新时期出现过三个最杰出的人物，他们是西乡隆盛、大久保利通与木户孝允，都是鹿儿岛出身的，可以说鹿儿岛就是明治维新的故乡。在当年扳倒幕府的过程中，这三人都出过一份力，而在明治新政府上台后，他们也曾经先后担任执政的重要职务。

如果没有西乡隆盛，江户幕府的德川庆喜不会决意大政奉还，王政复古也不会发生；如果没有西乡隆盛，“官军”不会在鸟羽、伏见之战取得胜利，废藩置县也无法顺利进行。西乡隆盛的地位不言而喻。但是，1877 年，在明治官军的围剿下，西乡隆盛与不肯离去的亲信武士们顽强后撤，最终回到了自己的故乡鹿儿岛，死在城山。得知西乡隆盛战死后，据说明治天皇沉默了良久，说：“朕不记得，有下过杀死他的命令吗？”下面的人报告说，西乡是自杀。天皇听后长叹一声：“他有功。”12年后，由于民间同情声浪甚高，天皇颁布诏书，撤销西乡隆盛制造“叛乱”的罪名，西乡隆盛被追赠正三位之官阶，又在东京上野公园为其竖立铜像，供世人瞻仰。碑文评价西乡隆盛为“代表日本的伟人”。西乡隆盛的格言“敬天爱人”也被制成碑文竖立于上野公园。这一格言被日本“经营之神”稻盛和夫奉为圭臬，同时也成为“东方管理学”的核心理念。

1977年西乡隆盛百年祭时，日本人为他建造了西乡南洲显彰馆，甚至还有专门的神社，这意味着他死后已经成神。鹿儿岛的旅游手册，甚至还有一个特典“西郷どん”，专门规划西乡隆盛在日本所有遗迹的行程路线，以满足那些特别崇拜他的游客需求。

作为明治维新的故乡，以“放眼世界的萨摩”为中心内容，鹿儿岛市内专门建造了一座“维新故乡馆”，突出鹿儿岛是“孕育出维新伟人的城市”，把明治维新的历史用在激励当下。

在鹿儿岛中央车站广场前，树立着当年第一批出国留学的萨摩少年群像，显示鹿儿岛在当时领日本风气之先，锁国时代就有留学生。

从出国留学的萨摩少年到明治时代的风云人物，这些人的共同特点之一，是都很年轻。鼓吹“皇国史观”的吉田松阴，在被囚去世时年仅29岁；创设奇兵队的高杉晋作在明治维新前夜去世，不过28岁；阪本龙马去世时年31岁。1868年明治维新正式开始时，岩仓具视43岁、西乡隆盛40岁、大久保利通38岁、木户孝允35岁、板垣退助31岁，大隈重信、山县有朋均为30岁、伊藤博文27岁，第一个在欧美获得学位的日本人新岛襄才25岁。相比起暮气沉沉的大清帝国，当时日本的政治精英是一个相当朝气蓬勃的群体。

由于年轻人的血气方刚，一种冒险的意识，一份迫不及待的冲动，一股为追求更高理想而抛弃传统道德的愿望，在他们身上都一一展现。少年强，则国家强也。

以“维新三杰”中的首要人物西乡隆盛为主题的文艺作品有数十部之多，以他为名的大河剧《西乡殿》正在热播。西乡就是西乡隆盛，“殿”是鹿儿岛人放在姓氏后面，既表示尊敬，也表示亲切的用语。在城山展望台下的纪念品商店里，几乎全是他的画像和纪念品，看不到别人。在鹿儿岛，他的雕像到处都是，他的书在书店里排成一大片，到处可看到西乡隆盛的格言“敬天爱人”，每代人都有不同的诠释他的方法。西乡隆盛那么具有亲和力。他的典型形象却正如东京上野公园入口处的铜像所示的，他穿着宽松的和服、木屐，牵着自己那条小狗次寅，他变成了一个非常和蔼的、敬天爱人的形象。西乡隆盛身高 1.8 米，在日本绝对算得上“身材魁梧”，相传他非常喜欢吃“鹿儿岛黑豚”肉。

大久保利通是“维新三杰”中鞠躬尽瘁地推进维新变法的，他的座右铭是“为政清明”。大久保利通的雕像是一个看上去慷慨激昂的形象，充满了斗志。

被誉为“东方的俾斯麦”的大久保利通，在担任大藏卿（财务部长）的这段时间，不顾众人的反对，大力推行民商主办，而官方只是负责监督。今天位居世界 500 强企业的日本三菱集团，就是在这段时间迅速崛起的。当初原本只是一家小型运输公司的三菱，就是得益于大久保利通推行的《殖产兴业建议书》，一举击溃了美国和英国的大型轮船公司，从而占据了日本国内市场，日本的民营企业迅速发展。

由于大久保利通在推行经济近代化方面触动了不少封建贵族阶级的利益，招惹了不少仇家。1878 年 5 月 14 日清晨，大久保利通在去办公地点的路上遭到刺杀，年仅 48 岁。

木户孝允原名叫桂小五郎，1833 年出生于长州藩，传统武士出身的他，和明治之初的不少武士一样，走上了反对幕府之路。1865 年他得到了重用，并接受了藩姓木户，改名为木户孝允，开始主持藩政。他在 1866 年首先与西乡隆盛缔结了“萨长倒幕联盟”密约，为全国倒幕运动打下基础，并在倒幕活动中做出了杰出贡献。

木户孝允以开国大功臣的身份位居政权中枢，主持起草了《五条誓文》，后在奉还版籍、废藩置县以及建立近代天皇制政府、实现日本统一等方面都起到了关键作用。日本普及小学教育正是木户孝允提出并实施的。后病死在京都，终年 44 岁。

鹿儿岛市维新故乡馆内，通过展示、影像游戏等多种多样的演示，简单易懂地介绍了幕末的萨摩、日本的情况和支持明治维新的英雄们的生平。馆内有日本第一艘萨摩的军舰、舰旗、军歌。《君之代》，日本的国歌，就出自萨摩的琵琶名曲。

丨城山决战丨

西南战争结束后，政府军只找到西乡隆盛的尸体，却没有找到脑袋。没有西乡隆盛的首级，政府的胜利就不是完整的胜利。于是，日本民间就出现很多传闻，其中一种说法是西乡隆盛没有死，只是将衣服套在别人身上。日本历史学家一般认为是西乡隆盛肯定是死了，他的部下或者崇拜者偷偷将头颅取走，安葬在某个地方，直到今天都不为人知。

1877 年 9 月 22 日，西乡隆盛退守到鹿儿岛的城山，对他的追随者们说，这将是他们的最后一站，要以勇气面对最终的结局。西乡隆盛放走了那些不愿意送命的人，留下不仅仅是忠诚，而且下定决心与西乡共存亡的武士们。夜晚，武士们对即将来临的死亡进行了一番庆祝，在一轮明月下，他们饮酒、唱歌，相互吟唱共同的荣誉、忠诚、死亡相关的诗句。

政府军在凌晨发动了最后的突袭，武士们一开始守住了他们在山头的据点，但随后被这支优于他们的军队迅速击退。政府军攻陷了“叛军”的防御要塞，他们将大炮搬到了这些位置，开始集中火力向山谷开炮。此时的西乡军，只剩下大约 40 人。

在最后巢穴城山，西乡隆盛等来了最后的时刻。他自知必败，决定发动自杀式攻击，发出命令：“冒死前进。”向政府军的阵地冲锋。

西乡和他的军队开始走向山坡，直面政府军以及死亡。下到山腰时，西乡被射中右臀部，子弹穿过他的身体，身躯庞大的西乡隆盛睡倒在地，此刻，他准备对自己实施武士的一种仪式性的自杀方式。他对身边的别府晋介说：“动手吧，阿晋，就在这里了。”然后，西乡镇定地面向东方，歪下他的头，别府晋介噙泪高呼“宽恕我！”迅速一刀，干净利落地切下西乡的头颅，然后将其交给西乡的随从及左卫门。众人在迫近的政府军面前迅速逃离，并将头颅隐藏起来。一位陨落的英雄的死亡仪式就此完成，众将士有的举刀自戕，有的中弹身亡，有的投降归顺，西南战争以官军胜利结束，日本旧武士阶层一同毁灭。

西南战争是日本最后的内战，历时 7 个多月，萨军阵亡 6400 余人，官军阵亡 6840 余人。电影《最后的武士》根据西乡隆盛的原型，再现了武士最后时刻：悍勇的武士，集体向机关枪冲去，武士头领中枪落马，在兄弟的帮助下，准备最后死的仪式：剑快速插入体内。这时，盛开的樱花纷飞如雪，武士的死好比樱花凋落，迅速而又凄美。一个映照着武士最后辉煌的时代结束了，历史翻开了新的一页。

武士，和富士山、樱花一样，是日本的象征之一，指的是日本历史上一个特定的阶层，日语为“侍”。早在日本平安时代，武士阶层就已经存在了，有 1000 年的历史，是把军事职能作为自己的家传技艺，并供朝廷权贵使用的新阶层。

武士阶层曾经是日本的特权阶层，他们认为自己代表着某种荣誉、某种统治的能力、某种道德意识，而西乡隆盛就是其中的一个代表人物。正是武士的勇敢、行动精神和荣誉精神，促使他们在倒幕运动中获得了成功，武士政权幕府的掘墓人，正是武士自己，促成了明治维新的到来。

随着维新改革的继续，很快触动了旧武士阶层的利益。当时武士的数量非常庞大，有 42 万户，占日本人口总数十分之一。当革命成功之后，他们突然发现自己成了要被抛弃的人。

西乡隆盛辞去了在东京的官员的身份，也失意回到了老家鹿儿岛，参加过倒幕战争的西乡隆盛，立即成为年轻武士们的偶像。而在最后，西乡隆盛成为一群反叛者的领袖。他对这些武士的某种责任感、同情心，以及那种义不容辞的领袖感，使他成为一个反叛的英雄。然后必然地，他失败了。失败之后，他的死亡使他成为一种新的英雄。

城山，位于鹿儿岛市街中央，海拔 107 米左右，绿荫环绕，树木参天，犹如神域。西乡隆盛在这里完成了武士最后自杀的仪式。旅游车开到山下，走上山顶望台可以看到锦江湾、樱岛、鹿儿岛街景。

相传西乡隆盛非常喜欢吃鹿儿岛黑豚（黑猪）肉。鹿儿岛的黑豚肉很有名，400 年前从冲绳传入的黑豚，在漫长的时间里经过九州风土的改造，以当地栽培的甘薯萨摩芋为主食，肉质纤细多汁，且富有弹力，饱含脂肪，也很容易融化。鹿儿岛黑豚在日本产量第一，在当地，以黑豚肉为主打的料理就有很多种，比如炸猪排、涮涮锅、寿喜烧等，都是常见的种类。鹿儿岛中央车站内有家黑豚料理火锅店。鹿儿岛人一定会推荐的是黑豚肉涮涮锅，和一般的涮肉比起来，黑豚口感更加纤细，而且肉质不含水分，必须要试试。

武士的两棒饼是用两根竹签插着一个糯米团子，浇上黄酱和黑糖熬制的甜酱或味增酱的传统小吃。很久以前，厉害的武士都会带着一长一短两把武士刀随身，两棒饼创意灵感就来源于此，软糯的烤糯米团子扎上两根竹签，这就是两棒饼的由来。

两棒饼

两棒饼是鹿儿岛古老的乡土传统点心，像武士带着两把刀，口感略甜，配绿茶或抹茶非常适宜。

城山

● 西乡隆盛最终回到自己的故乡，死在城山。

● 城山展望台俯瞰的风景。

维新故乡馆

● 西乡隆盛穿着宽松的和服、木屐，牵着自己那条小狗次寅。

● 日本第一艘萨摩的军舰『昇平丸』。

● 维新三杰：西乡隆盛、大久保利通、木户孝允。

● 西乡爱用的扇子。

尚古集成馆
日本产业革命先驱

鹿儿岛中央站，从这里出发，乘坐市营观光巴士，可以通往鹿儿岛的各个观光景点，最后到仙严园站下车。仙严园、尚古集成馆、异人馆，汇集了鹿儿岛明治维新的遗产，这里是幕末到明治时期进行的产业近代化的舞台，萨摩藩为日本产业近代化做出了巨大贡献，在这里进行了多样的新举措，从幕末到明治激荡时代的集成馆，引领日本走向现代化迈出了一大步。

在 19 世纪中期的几十年里，中国和日本都面临来自西方扩张的威胁和压力，还有外来文化对传统文化的挑战。日本不情愿承认自身在财富和力量上的劣势，率先拥护实践魏源的《海图国志》提出的“以夷制夷”这个理念，当时的实践者就是萨摩藩。如果将日本比为德意志，萨摩当为普鲁士，萨摩藩毫无疑问是日本近代崛起的发动机。

仙严园是鹿儿岛著名的名胜古迹，是萨摩藩岛津家族历代萨摩藩主的私人游园。5 万平方米的占地内采用巧妙的借景手法，将樱岛与锦江湾的风景都收进园林景观之中，大气磅礴。经过改造，如今的仙严园变成了可以体验文化与特产的综合型园林。集成馆在仙严园隔壁，当时是混为一体的，现为鹿儿岛市仙严园尚古集成馆。

萨摩藩因海与中国大陆一直有交往，锁国时代也能迅速地获得海外的情报。1840 年鸦片战争及西方列强对亚洲的殖民地政策，危机感袭来，萨摩藩由此惊醒，着手防卫对策。为了应对来自海上的威胁，各藩从洋学中获取知识，应用到传统的技术推进产业化。

作为幕末四大藩国中的头号强者，萨摩藩能摇身一变成为雄藩之首，乃至开创后来近百年的藩阀政治，没有稳定的财力支持，那是不可能的。

萨摩藩自开藩后，长年囊中羞涩，财政问题突出，藩士太多，养人太多。萨摩藩的武士占总人口26%以上，接近40%。人数比例之高之多是不多见的。加上劳役频繁（萨摩藩本来就是离江户最远的一个藩），所以每次参勤交代都所耗不菲，财政负担沉重无比。幕府时期，衡量财富的尺度是米的产出量，因而产米的土地乃是财政的基石。萨摩藩的土地不适合种稻，灌溉的困难和大量的自然灾害，以及长年战争的消耗，使得萨摩藩极度贫困。

为了缓解这种贫困的局面，征服琉球黑糖贸易，获得从琉球的朝贡贸易中捞取利益的权利，才大大缓解了早期和中期萨摩的财政窘况，而且也让萨摩获得了强大的经济来源。

当时砂糖在日本是贵重的货物，从本州到九州的各种地方的点心还有传统的酒酿，制作时都需要黑砂糖。而这时黑砂糖出产地最大者为奄美，所以这份巨大利益为萨摩独占。黑砂糖为萨摩藩建立了财政信用，藩厅借助黑砂糖之利，成功获取了大阪等地商人的大量贷款，为早期和中期的藩财政提供了难以估量的助益。

从萨摩藩第8代藩主岛津重豪的执政起，萨摩就进入了一个动荡的改革时代。

以造士馆藩校为代表的一系列改革，为日后萨摩进一步的改革提供了人才的教育和储备。造士馆的高才生包括西乡隆盛、大久保利通、东乡平八郎、伊地知正治、松方正义、川村纯义、大山严等。这个名单足以说明造士馆在日本历史上的意义和地位。造士馆在明治维新后成为鹿儿岛造士馆高等中学，后改为日本第七造士馆高等中学，是日后的鹿儿岛大学的前身。

1848年，松木开始在萨摩藩鹤丸城的制炼所内尝试制造，最终于1953年成功制造出无烟火药。萨摩藩的军备事业前进了一大步。为了制造酒精，萨摩藩还改变了传统的造酒法，使用土豆、芋头而非米来造酒，这种酒就是日后的萨摩烧酎——日本烧酒。

1851 年萨摩藩迎来了第二位雄主，十一代目岛津齐彬。

早在继任藩主之前，岛津齐彬就是一个出名的“兰学癖”，特别是在江户时期和众多兰学者接触后，齐彬对于当时世界的形势有着非常深入和独到的认识，对于西方的强盛有着非常深的印象。使他印象更加直观的是发生在 1840 年的中英鸦片战争，清朝战败的消息传入日本后大大震动了一大批日本人。从而产生了危机意识。西方叩开中国大门后，下一个目标必是日本。而作为日本最西的藩国，萨摩藩也必然会成为日本最先受冲击的藩国。

此时，西方商船访问琉球，探询日本的情况，要求传教和通商。消息传来后促使齐彬上任伊始即开始了他的最重要改革——集成馆诸事业的改革。以制铁、造船为首，玻璃制造和机械、纺织等日本近代产业兴起。

齐彬自任藩主后，马上开始大规模的建设，一方面组织人翻译西方资料，一方面同步建设近代的工厂和科学研究所。萨摩藩先后设立了反射炉、溶矿炉、钻孔盘（大炮的开穴用器械）、玻璃工厂、锻造厂、蒸汽机关制造所、金属细加工所、造币所、锅灶制作所等大批工厂，这个工厂群统称为集成馆。

除了集成馆工厂群外，齐彬还建设了造船所、纺织工厂等。以上这些近代化事业统称为集成馆事业。集成馆诸事业在当时日本堪称空前绝后，集成馆事业主要目的是强化萨摩藩的军备，大批西式事业纷纷设立给萨摩藩带来了极大的冲击，在非常短的时间里就将萨摩带入了近代化。

齐彬的理念，来自魏源的《海图国志》，齐彬毕生极爱此书，随时携带阅读，是此书最忠实的拥护者和实践者。《海国图志》60 卷，提出“为以夷攻夷而作，为以夷款夷而作，为师夷长技以制夷而作”。它依据前两广总督林则徐所编译的西方人著的《四洲志》，和历代史志及明代以来的有关海外交通的著作，还有最新传入的地图和著作。信息量大，是那个时代的经典。

集成馆事业主要目的是强化萨摩藩的军备。实用的西式反射炉已经出现并投入使用，反射炉对于军备有非常重要的意义，只有反射炉能够提供大量的炼铁，炼铁的韧性优于生铁，故能承受住火药爆炸的强力冲击。所以才能用来制造近代枪炮。

现在位于仙严园尚古集成馆内的1号反射炉经过一年左右的建设后，于1853年夏天正式落成开工。虽然有佐贺藩的技术支持，但是萨摩藩的1号反射炉失败得仍然相当凄惨。1857年建设而成的2号双基反射炉成了萨摩藩第一个实用性的反射炉。2号反射炉持续着生产铸铁，甚至可以生产150磅大炮了。接着又建设了3号反射炉，萨摩藩的反射炉建设活动为藩武备西洋化提供了基础。

强军备固然重要，而真正使萨摩藩富强的莫过于商业、农业、工业的进步。也就是发展实业。萨摩藩开创了日本最初的纺织业建设，从日本最早的纺织机到纺织厂的建立。

1856年，萨摩创造使用了日本最初的纺织机，被称为“大幅纺织机”，用水车驱动进行开动的纺织机，这是萨摩藩生产的第一款国产纺织机。当时视察了集成馆的佐贺藩主在《萨州见取绘图》中绘下了这个织机，这个机组大部分是木制的，使用了部分铁制部件，巧妙使用了凸轮等机构，这部织机的复原采用传统的技术制造，尽可能再现了当时的技术。

岛津齐彬死后，岛津忠义袭封29代，1865年，萨英战争后，改善了萨摩与英国的关系，萨摩派遣使节和留学生，1867年，开设日本最早的西式纺纱厂——鹿儿岛纺织所。从英国进口成套设备的鹿儿岛纺纱厂，引进了先进技术，其中，有100台一米多的宽幅纺织机。拥有大量纺织机的萨摩在短时间内学会了这些技术，成为日本第一个拥有纺织厂的藩主。

1867年1月，开始纺织厂和异人馆的建设，工务长和机器一起到达，机器设备安装完毕，5月，工厂竣工，先后建成了气缸、混打棉、梳棉、粗纺、精纺等6个厂房，对200多名工人进行了技术指导。经过一番周折，已是万事俱备，只欠东风。异人馆建设完成，英国技师们到了，开始了生产，从这里走出了优秀的人才石河确太郎，之后他参与了大阪堺纺织所、富冈丝织厂的建设和运营。

异人馆，作为当时聘请的英国工程师们的宿舍，是日本留存下来的最早期的西式建筑的代表之一，是日本最古老的木质结构二层住宅。2015年被收录为“明治日本的产业革命遗产”。馆内除了介绍异人馆的历史和当时的生活空间——卧室、饭厅、客厅、休息廊厅外，里面还介绍了作为世界遗产的九州近代工业遗迹。

1872年（明治5年），鹿儿岛得天皇行幸后在异人馆休息。这座维多利亚式的建筑，反映了19世纪后半期维多利亚式女王时代，由于产业革命的成功带来了英国的昌盛，里面陈设有技师们从英国带来的家具和日用品。来自英国的工程师，年薪洋银5000张，旅费由萨摩藩负担，住所由萨摩藩准备。家产、日用品由技师准备，合同时间是1年。因为各藩攘夷的举措，对日本政局感到不安的技师，不仅在作业中，就连厕所的出入也要有藩的人员进行护卫。

1865年竣工的集成馆机械厂，是日本现存最古老的西洋式机械工厂，凝灰岩砌成的墙面经过150年仍纹丝不动。厂房里的铸铁机器来自荷兰、英国。驱动最新机器的是水车，还有蒸汽机。

萨摩藩很早就开始了玻璃工艺品的制造。江户时期的日本在玻璃制造业上取得很大发展，出现了名为“江户切子”的玻璃瓶和各种玻璃工艺品。1846年，岛津齐兴出于为了将要建设的炮术馆准备硝酸等药物，同时也出于发展萨摩藩的医药业以求改善财政的目的而成立了中村制药所。作为配套措施，萨摩藩从江户地区招募了玻璃工人在制药所内为药品制造玻璃瓶子，萨摩切子是萨摩藩玻璃制造业之始。

岛津齐彬时期，萨摩烧的技术人员负责生产反射炉和熔炉的砖块，从生产药瓶和船灯用的棱镜开始，到生产出口工艺品水晶玻璃的玻璃产业。萨摩烧也为了向欧洲出口，生产出了金斓手式样的豪华产品。

被海包围的萨摩在以藩主岛津齐彬的率领下，积极引进西方技术，致力于军备和产业的近代化。在仙严园一带建立的核心工厂群，最早使用水车动力，经过1863年的萨英战争，更进一步引进西方的蒸汽机，明治维新后，这些技术传到日本各地，集成馆成为日本产业革命的先驱。

尚古集成馆

1872年（明治5年），鹿儿岛集成馆、异人馆得天皇行幸。

纺织机旧照

1856年，萨摩创造使用了日本最初的纺织机，被称为『大幅纺织机』，用水车驱动。

异人馆

异人馆是当时聘请的英国工程师们的宿舍，是日本留存下来的最早期的西式建筑的代表之一。

异人馆英国技师的生活空间和用具。

萨摩烧酎 当地人的酒桌宠儿

萨摩烧酎就是鹿儿岛的烧酒，和中国的白酒一样，也是采用甘薯、谷物等为原料制作的蒸馏酒。芋烧酎的主要产地是九州鹿儿岛，明治维新的故乡，“烧酒的王国”，因为这里盛产红薯，所以芋烧酎很早就是当地人的酒桌宠儿。

幕府末期的萨摩藩主岛津齐杉为了富国强兵而发展兵工业，在自己的住宅仙严园旁边建起了兵工厂，除了生产大炮和战船以外，也用萨摩藩当地的土特产——萨摩芋（也就是红薯）为原料，大规模蒸馏酒精，作为军需品和工业用品。由此产生了萨摩烧酎，已经有百年的历史了。

2019 年，全球顶级的国际美酒品评会“国际葡萄酒暨烈酒大赛(IWSC)”的颁奖仪式 11 月 28 日晚在伦敦举行，位于鹿儿岛县市来串木野市的滨田酒造公司凭借正宗的芋烧酎获得烧酒类的最高奖项，被授予了奖杯。萨摩烧酒具有与世界上名酒相抗衡的潜在能力。

在鹿儿岛有 111 家酒厂，共 1400 多个品牌，种类繁多，有芋烧酒、麦烧酒、黑糖烧酒等品种，产量日本第一。由于它由粗粮酿造，所以不上头，不会让人喝了之后头痛欲裂。萨摩烧酎的度数在 25 ~ 38 度之间，可以以对半分的比例调兑热水和矿泉水，直接饮用和加冰块，也没有问题。

烧酒在日本早期的普及程度不如清酒，地位在酒类的边缘或下层状态。如果说清酒位居庙堂，那么烧酒就是在野了。在产量上也是如此。不过，现在的情形发生了重大变化，烧酒产量骤然上升，甚至超过了清酒。以前，烧酒只是一些地方的当地酒，而今以东京为首，在日本全国都相当风靡，在年轻女性中也很受欢迎。鹿儿岛的烧酒产量在5年的时间里增长了2倍，出货量超过了清酒

烧酒和清酒的瓶型差不多，酒标上又通常是日本汉字和假名一起出现，而且还都一起陈列在日本料理店以及超市的酒类货架，倒进酒杯里也都是透明或者淡黄色的，所以经常被误认为同一种东西。日本烧酒和清酒两者间最大的区别，一在原料，二在酿造方式。

清酒的原料是米，而烧酒主流的原料是红薯、米、大麦这三种，直到20世纪初，烧酒才真正找到了别具一格的发展方向，并开始从鹿儿岛走向全国。酿造烧酒的匠人们突然脑洞大开，大麦、地瓜、黑糖、紫苏有淀粉的原料他们都拿来酿酒。

清酒是发酵酒，酒精度最高能达到22度（主流市售清酒是14～17度）；而烧酒，顾名思义，“烧”是蒸馏的意思——这是一种先发酵再蒸馏的酒，一般酒精度都在25度以上，最高则能达到60度以上。

烧酒是由东南亚经琉球地区（今冲绳）传入，如今冲绳特有的烧酎，还被称为“泡盛”，萨摩地区的蒸馏器在结构上与琉球的蒸馏器是相同的，因为使用了热带地区特有的黑麴菌和来自东南亚的米种。早年用于制作烧酎的原料，主要还是大米，但是，随着甘薯种植面积在九州一带扩大，人们开始尝试用甘薯来酿酒。日语中甘薯被称为“萨摩芋”。

“酎”（音同“宙”），是个古汉字，《说文解字》载：“酎，三重醇酒也。”指多次重复酿的“重酿酒”。后来这个字被日本人拿去用，专指他们本土的烧酒。通常把仅经过一次蒸馏的烧酒称为“本格烧酒”。明治时期以后，从西方传来了比较先进的蒸馏技术，有了蒸馏机，烧酎分等级，“本格烧酒”也可以翻译作“正宗烧酒”。这种酒富含原料的风味。

传统烧酎的最初生产地是鹿儿岛，饮用者也局限于当地。“二战”后，百废待兴，尽管粮食严重匮乏，但是由于市场需求，各种劣质酒充斥市面，所谓的烧酎，多半是用工业酒精勾兑的假酒或者用腐烂或黑斑的劣质甘薯制成的。每年都有成百上千人饮用假酒而死亡。因此，战后一段时间，烧酎成了劣质酒和廉价酒的代名词。随后，整个日本经济恢复，作为原料甘薯获得了保障，烧酎逐渐淡化了劣质酒的形象，但是，民众变得富

裕的生活里，清酒、啤酒的产量迅速上扬，舶来品葡萄酒受到了人们更多的青睐，多少还染有廉价色彩的烧酎屡屡受挫，经历了将近 20 年的痛苦岁月，产量一路下跌。在经历了不断的波折后，烧酎终于正式崛起。

如今，香醇的烧酒早已成为与清酒平分秋色的“日本国酒”。能迅速征服人们的味蕾，除了利用高质量软性泉水作为原料外，丰富的谷物原料也是其广受欢迎的原因。日本烧酒根据原料区分主要有大米烧酒、大麦烧酒、红薯烧酒、黑糖烧酒、荞麦烧酒等，口感各有千秋，全赖个人喜好。

近年来媒体热烈宣传说萨摩烧酎可以帮助减肥，因为它的卡路里低于其他的酒类，有利于血液循环，预防血栓症。由于烧酒是蒸馏酒，所以烧酒不含糖分，且热量非常低，不会造成血糖值上升。同时，在蒸馏的过程中去除了杂质，因此也不会造成宿醉，近年来在日本国内又掀起了风潮。

在喝法上，除了传统的加冰块、兑水、兑热水外，兑苏打、兑茶等喝法也颇受青睐，饮酒氛围比较明快，酒醒得爽快，越来越受年轻人欢迎，这是烧酎东山再起的文化因素。

九州丰富多变的自然气候，很适合甘薯的生长。“萨摩芋”主要种植于被火山灰覆盖的鹿儿岛和宫崎县南部，现有 40 多个品种，其中以淀粉含量高的“黄金千贯”“红萨摩”等颇为有名。以此制作的烧酎，具有独特的甘薯香味。鹿儿岛县萨摩酒造生产的“萨摩白波”最为著名。萨摩酒造的规模最大，其产量超过了全县的一半。甘薯烧酎几乎成为本土烧酎的正宗。

甘薯烧酒通常是通过蒸馏工序直接向锅内输送热蒸汽，据说，为了制作出甘薯烧酒，制作者失败了很多次，在搅拌方法和温度调节等无数反复实验中最终才诞生了甘薯烧酒。

在排列着蒸馏器的酿酒厂中，一位年轻的员工在搅拌，正因为有了鹿儿岛的“黄金千贯”，才能做出这种带有独特口感、独特香气的烧酒。

坐落在美丽鹿儿岛五位野的“无双藏”株式会社，可以参观陈列的木桶蒸馏器和正在发酵的烧酒，同时还设有销售油炸豆腐等鹿儿岛特产的商店。

萨摩烧酎

●鹿儿岛有独特的『黄金千贯』，才能做出带有独特口感和香气的烧酒。

●如今香醇的烧酒，早已成为与清酒平分秋色的『日本国酒』。

本格焼酎
さつま無
さつま無双株式会社
No Smoking
No Smoking

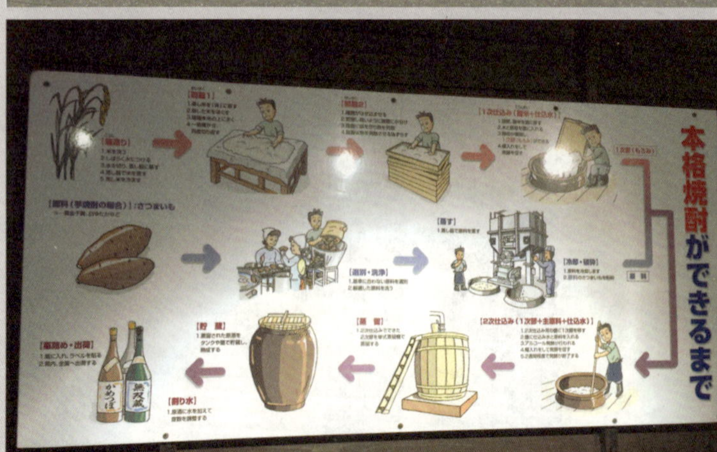
本格焼酎ができるまで

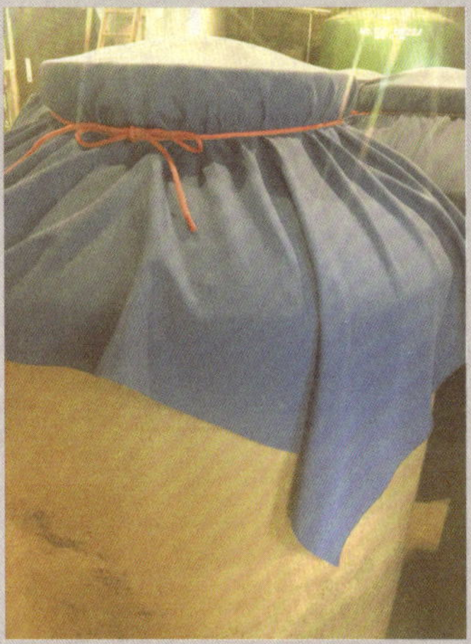

『无双藏』株式会社

●『无双藏』株式会社，可以参观陈列的木桶蒸馏器和正在发酵的烧酒。

州

金印背后的故事

可　闻

汉文化

Chapter8

金印

中日往来的印证

汉字出生在中国，被传入日本后，得到了继承和发展。近代日本汉字返回中国，如果没有这些词汇，我们将无法使用现代汉语，比如：国家、领土、霸权、主义、方针、政策。汉字文化通过创新而获得新生命。

志贺岛 出土超级国宝金印

博多湾拥抱中的志贺岛，从博多码头乘船 30 分钟到达，外圈只有 12 千米的小岛，有一条美丽的环岛海边骑行路，还有闻名于世的是金印。“汉委奴国王”金印，这是汉朝光武帝刘秀赐给不远万里出使洛阳的一个日本小国家首领的印。中国的《后汉书 · 东夷传》，记载“建武中元二年（57 年），倭奴国奉贡贺朝。使人自称大夫。倭国之极南界也。光武赐以印绶”。“汉”是中国汉朝，“委”是“倭”的通称，倭是中国对古代日本的称呼，“奴”是当年小国家名称。在日本九州博多湾口的志贺岛发现的金印，说明在公元 1 世纪，博多之地的“奴国”，已经和中国大陆有交往了。

1784 年 2 月，志贺岛上的一个农民清晨起来下地修筑水渠，在挖地时偶然发现一个石室，上覆巨石，下以小石为柱，中间藏着一个金属块。他感到十分惊讶，将金属块拿回家，请教于当地米店的主人，才知道这是一颗黄金刻成的印。金印被上交郡守并转呈黑田藩主，经过鉴定，上面刻着“汉委奴国王”五个字，原来就是 1700 多年前汉光武帝赐予倭奴国王的金印。于是它成了黑田藩主家的传家宝，直到 1978 年福冈市美术馆建成之际，由黑田家族后人捐赠给了福冈市，目前保存在福冈市博物馆。福冈市工作人员的名片上印着与金印实物同样大小的标记，这枚金印是福冈市最出名同时也是唯一拥有的日本国宝。

金印不大，呈四方形，但颇有分量，重量为 108 克。印面上刻着“汉委奴国王”，抓手蛇形，蛇头上有双眼，身体用鱼子纹代表鱼鳞。

该印经过日本计量研究所测量，印面为 2.34 厘米见方，约合东汉度量衡制铜尺的一寸见方，正好符合汉代赐诸侯王的金印大不逾寸的制度。印上的钮是蛇形，下有横通小孔，供挂绶之用。钮的形状不同，这也与如列侯龟、将军虎、蛮夷蛇等表示名分的汉制相符。1956 年，在我国云南省晋宁县石寨山汉墓出土文物中，也有一方刻着“滇王之印”的蛇钮金印。尤其是 1981 年，在中国扬州市附近的邗江县营泉镇北二号汉墓出土了一颗“广陵王玺”的龟钮金印，与“汉委奴国王”金印不仅印面尺寸相近，边长都为汉制一寸，而且篆刻字体也十分相似，印钮上也都有鱼子纹。

1973 年和 1974 年，福冈市教育委员会连同九州大学一起对金印出土的地方进行了挖掘调查，在志贺岛发现金印的地点，还竖立了一块刻着“汉委奴国王金印发光之处”的石碑，周围开辟为游览休息的金印公园。

当时中国先进的文明经过朝鲜半岛首先传到日本列岛最西端的九州地区，那里最早使用铁器进行农耕。那时起中国的水稻栽培技术、制铁技术等传到日本，汉字也随之传入了日本。

被赐予金印的奴国，当时有 2 万余户人家。奴国从博多湾奉贡贺朝洛阳，经由朝鲜半岛上的乐浪郡，向汉帝国称臣纳贡，以得到中国皇帝在政治上的支持和物质上的赏赐。九州出土的汉代铜镜、铜矛、铜剑、勾玉等珍贵文物，就是当时汉王朝的赏赐品。那时，朝鲜半岛上生活着许多倭人，有 100 多个倭人的国。这条通路，以后存在了很久。

倭国位于中国汉字文化圈的最东端，所以对于倭人而言，汉字就是文字。“汉委奴国王”金印等传入，倭国发印章、刀和镜上皆刻有汉字，证实了汉字的传入日本和最早使用汉字的事实。而在当时能够读懂汉文字写汉字的日本人极少。

很早以前，日本是一个只有语言，而没有文字的国家。无法考究日本列岛上的人是从什么时候开始书写文字的，但是最早的记录可以追溯到公元前 1 世纪，当时考古学家在一个墓葬中发掘出来了西汉时制造的一个文镜，上面有记载着倭国没有文字，只有刻木结绳。但也许是外来的移民（渡来人）首先用汉字（中国字）书写外交文书，然后又向其他领域扩张开来。

日本国宝级遗物——5 世纪前后的稻荷山古坟中的铁剑铭文是用汉字

书写的，里面刻着总计 115 个汉字组成的文章。

百济的博士王仁把中国儒家经典《论语》和《千字文》带去了日本。他当了日本朝廷的宫廷教师，教习皇子汉文。很多人都向他学习汉字。随着中国文明，特别是佛教文化典籍大量传入日本，汉字逐渐开始普及。

现在日本最早的文献史料，依据的就是两本书：一本是《古事记》（成书于 712 年），一本是《日本书记》（成书于 720 年），都是用汉字书写的，并且都是唐代以后编纂成书，大多借用中国典籍上的文字，拿来描述上代所传承之传说。

日本由汉字和假名混写而成的文章的雏形是何时诞生的呢？据研究，是受到了朝鲜语中汉字的表达方式的影响。

随着唐朝逐渐衰弱，陷入不断的内乱之中，再加上前往中国的航海也伴随着危险，菅原道真提议停止派遣遣唐使之后，日本不再向中国派遣正式的使节团。同时，也因为中国商人开始来到日本，投入巨大政府费用与中国文化保持接触的必要性不复存在了。这使得日本文化脱离了模仿中国，出现了转折，进入了开始发挥独特性的时代。文字和文学最为突出。

在西方世界，长期以来使用拉丁语进行正式记录，在中华文明的周围国家，原则上使用汉语，用古代汉语的文体来记录。

在朝鲜半岛，1446 年才颁布记录自己国家语言的独特文字体系的朝鲜文，长期以来被视为没有文化的民众文字，公文还是用汉字记载。朝鲜文的普及要到 20 世纪之后。于是，传统的朝鲜文学用古典汉语写诗作文，必然在文字背后受到中华观念的影响。

记录越南语的文字体系中南语从 14 世纪开始出现，到 20 世纪初汉字都是官方文字，中国古典汉语是官方文体。中南语没有发展成为民众的文字，一般的越南人能够读写本国语，是西欧传教士在拉丁语文字基础上创造的现代文字体系普及之后的事。

而日本在用汉字记录的时间，很早就开始尝试记录本民族的语言。汉字不仅表示各个文字固有的发音，也是一个拥有固定意义的表意文字。

8 世纪成书的日本最初的诗集《万叶集》，收录了从贵族到农民创作的 4500 首作品。《万叶集 · 人麻吕歌集》中的人麻吕创造了新型表达方式，成为后来日本语中汉字和假名混写方式、现在也使用的表达方式的基础。

万叶假名的出现是汉字日本化的第一步，日后出现的平假名和片假名都是在万叶假名的基础上发展而来的。

最初日本人是把汉字作为音符来使用的，即用汉字来注音，这些表示日语读音的汉字也就被称为“万叶假名”，所谓“假名”是相对“真名”即汉字而言。如日语的“山”，读作“やま”，在《万叶集》中就用“也麻”两个汉字来书写。“桜”读作“さくら”，就用“散久良”三个汉字来书写。

平假名和片假名都产生在 9 世纪（中国北宋初期），先诞生的片假名基于汉字偏旁部首楷书形态，之后出现的平假名则是模仿汉字草书的形态，方便了日本人作标注。

因为汉字写法非常复杂，使用起来相当不便，9 世纪，日本人采用简化的办法，取汉字的偏旁部首，创造了片假名，如“阿”写作“ア”，“伊”写作“イ”，“宇”写作“ウ”等。柔和的汉字草书适合于书写日本和歌，尤其在盛行用草书书写信件、日记、小说之后，逐渐形成了一种简练流畅、自由洒脱的字体“平假名”，如“安”写作“あ”，“宇”写作“う”。创造出了“平假名”和“片假名”，日本民族的文化可以通过文章自由地表现出来了，但是正式文件仍然只使用汉字记录。

假名文字普及之后，在诗的领域，相对于拥有古典汉语教养的知识分子创作的汉诗，形成了民众也能参与的日本国语诗体——和歌，而且渐渐在宫廷贵族之间，和歌的创作也成为主流。在散文领域，从 9 世纪后期开始，假名文字的文章开始出现，到了 10 世纪，各种作品不断出现，在 11 世纪初出现了世界最初的长篇小说《源氏物语》。

从这时开始，如同文学领域所象征的，日本文化整体从对中国的模仿中摆脱出来，逐渐形成日本独自的传统，还有书法。

明治维新时期日本作为脱亚入欧的典范，对汉字的态度也有了一个 180 度的大转弯。日本人只要提到向西方学习改良日本文化，就必然要涉及汉字。日本精英把日本的落后直接和汉字挂钩，废除汉字的声音不断翻涌。但另一方面，日本人在现代化的过程中却倚重代表旧时代的汉字，是因为汉字和汉语一开始即担负起了文化和智识的功能，利于他们快速吸收新信息，将西洋的事物和概念翻译成汉字词大举引入日语中，后来又传入中国，成为我们今日熟悉的“物理”“化学”“卫生”“经济”等词汇。

1945年，日本战败投降之后，美国人想让日本废除汉字，改用罗马拼音。一次决定汉字去留的“全国识字调查测试”开始了。结果日本全国只有2.1%的人无法读写汉字，就是日本有97.9%的识字率，这比当时美国的识字率都高得多。事实上，日本在江户时代，识字率就世界第一。1907年，日本就已经达到97%的小学就学率。就这样废除汉字的计划不了了之。压倒性的识字率，守护了日本母语的存续。汉字不仅没有被弱化，反而占据了压倒性的优势。

日本使用汉字近2000年，博大精深的汉字文化内涵早已深入日本文化的角角落落，和千百年来早已形成的根深蒂固的日本文化是密不可分的。

那些表面上以限制、废除汉字为目的的改革，实际上是在不断地优化汉字在日本语言中的使用方法及功能，朝着更加开放、富有弹性的方向迈进，增强汉字的生命力，使汉字在日本文化中得到更好的继承和发展。能够正确理解汉字的只有中国人和日本人。如看到“萌”，两国人不用解释都会心一笑。

日本历届首相在执政之初，大多会从中国的典籍中挑选几个汉字或一句话来概括自己的政治理念，这些汉字有的出自孔孟，有的出自王阳明，比如：田中角荣的就是“微风和暖”，竹下登是“德必有邻”，宫泽喜一是“水宽鱼大”，安倍晋三是“不动心”。

根据日本国土交通省的规定，日本现行街道名称、道路交通指示牌用语，是采用平假名、汉字、罗马字、英语共同标示的。

路牌是否使用汉字？在日本曾有争论。争论无果之后就启动试验。路牌分别写上罗马字拼音、平假名和汉字。结果发现，罗马字拼音的解读速度为1.5秒，平假名为0.7秒，汉字为0.06秒。一眼能迅速唤起词义，是汉字的最大功效。就传达资讯来说，没有任何文字能有如此杰出的功能。在现代日语中，和语约33%，汉语约49%，外来语约18%，可见汉字的分量。

所以，在日本街头，随处可见中国人熟悉的汉字。去过日本旅游的人会发现，日本的街名、地名、店名、桥名、楼名……处处可见中国汉字。如果认识这些汉字，可以蒙对一半是什么意思，基本上不用翻译。

“日本年度世态汉字”是日本汉字能力鉴定协会组织的一项年度性活动，每年向全国征集一个适合该年日本世态的代表性汉字，用以表现该年度所发生的重大事件的影响，从 1995 年起，京都的清水寺在每年的 12 月 12 日前后都会举办这一活动。如“金”，2000 年。日本获悉尼奥运会女子柔道、女子马拉松金牌。发行 2000 日元纸币等。“爱”，2005 年。纪宫清子内亲王结婚、爱知世界博览会等。2015 年 12 月 15 日，在日本京都，清水寺住持森清范写下日本 2015 年度字“安”字。

汉字经过几千年的发展演变，博大精深，即使是简简单单的一个汉字，也可以将千言万语浓缩其中。

日本第一家汉字博物馆于 2016 年 6 月 29 日在京都祇园开幕。名为“汉检汉字博物馆与图书馆”的汉字博物馆内，收录了 808 个中日韩常用汉字，并会展示每年在清水寺举办的“年度汉字”活动中写下的大字。

博物馆中央竖立着一座高 10 米的“五万汉字塔”。塔墙面上密密麻麻印着颜色、大小各异的汉字。淡蓝色、字体大一些的是日本小学生必学的 1000 个汉字；而橙色大字为常用汉字。如果把重点标注的红色字一并掌握的话，加起来是 6000 个汉字，相当于达到日本汉字检定的一级水平。据说，日本的《大和汉字典》中共收录有 51100 个汉字。所有这些汉字都在正面墙上展示。

中日韩学者共同整理出 808 个三国常用汉字。博物馆请 808 位小学生每人书写了一个汉字，挂在汉字树上，象征汉字文化历久弥新，枝繁叶茂。

日中之间始终还是贯穿着汉字文化，汉字从中国传到日本之后是如何渗透到社会生活中的？汉字博物馆的目的，就是给日本人提供一个更加全面了解汉字的场所。

日本的书道并不输于中国的书法。尽管在书法顶峰的“三笔三迹”比起中国历史上的王、颜、欧、柳等人还差甚远，但是其在发展和生存上比中国书法做得更好。日本书道的发展与宗教发展联系在一起。这也是其保持旺盛生命力的一个原因，而同时也体现了日本人的一些品性。

日本首相上台之前都要苦练汉字书法，所以他们的毛笔字都不算坏。

棒球是日本1亿多国民的体育，而书道则是1亿多国民的艺术。

有统计数据显示，每6个日本人中就有1个热衷于书法。日本中小学校都开设书法课，从小学三年级至初中毕业，6年时间已小有所成。在日本开设书法专业的高等院校中，国立大学13所，私立大学11所，大专6所，另外还有7所书法专门学校，全国性的大型书法团体有23个，文部省主持的全国毛笔书写鉴定有5个等级，相当于英语等级考试。

第二次世界大战是日本现代书法和古典书法的分水岭。“二战”后日本成了战败国，人们急需心灵上的抚慰，书法作为一种独特的艺术形式被寄予厚望，也是从这时候起，日本书法有了它自己的灵魂。

日本经济复苏起飞后，飞快的生活速度，各种带有压力的工作，使得人们急切地向往一种平静，在书法中可以得到内心的平静，可以远离喧嚣，释放压力，书法变成了一项静心的运动，而此时日本书道也适时发展至成熟。在日本，一些上了年纪的人，对用毛笔写字更是情有独钟。凡是正式场合，日本人都要用毛笔写信签字，这在日本是个人修养的一个重要体现方式。所有的求职简历都是手写的，这是因为用人单位通常会通过笔迹来判断求职人的性格特征。

此外，贺年卡和其他问候信件必须手写。寄出一张打印的贺年卡被认为是失礼的做法。

在中国发生新冠肺炎的疫情之后，日本为中国支援了大量的抗疫物资。除了物资本身外，伴随物资而来的中国古典诗词也引发感慨。

许多人因“山川异域，风月同天”“岂曰无衣，与子同袍”“青山一道同云雨，明月何曾是两乡”而感慨，汉诗正扮演了和平与文化使者的角色，让我们再一次感受到两国文化的亲密性以及中国古典文化对日本的巨大影响。

千百年来，日本的汉学一直是显学。到了江户幕府时代（约明末至清末时期），因社会安定，汉学更得到空前的发展，博学的文人每每成为举国敬重的名士。他们以脍炙人口的诗，传播着文化与历史知识，为后世日本留下了珍贵的文化遗产。正因为有了这样氛围，至幕府末期，西乡隆盛、副岛种臣、伊藤博文、乃木希典等精通汉学的下级武士才能脱颖而出，成为国之栋梁。

当时在鹿儿岛萨摩藩的教育情况是：每个武士之子，无论乃父年俸几何，无论出身，从六七岁开始，都必须严格遵从这样一个时间表：6时至8时，晨读四书五经和其他汉学著作；9点至10点到神社里祭祀；10点至12点，复习所学的讲义；午后2时至4时，户外活动，即爬山与涉水，包括不分季节的冷水浴；4时至6时，学与练习武术，即击剑、柔道等；晚6点以后禁止出门，在家长和兄长的教导与监督下读书、讨论。

正因每天的第一课就是学习孔孟朱程、唐诗宋词，所以明治时代的军政巨头才大都能写出地道的汉诗。

相比如今的中国学生从小学一年级甚至更早便开始接触中国古诗，日本的小学（六年制）教材，并没有中国古诗的相关内容。日本到了初中（三年制）“国语”教材才开始出现汉诗。小学是空白，初中打基础，如果仅仅接触中小学的必修教材，一般日本学生所能掌握的中国古诗不会超过15首。出镜率是最高李白、杜甫、白居易，基本都是中国读者耳熟能详的诗人。

中国古诗文在日本的基础教育仍有一席之地，不在于究竟谁会背什么诗，而在于穿透历史迷雾的血脉相连，在于寥寥数语所激荡起的心灵共鸣。

每逢全球化浪潮涌起，日本某些专家必定会提出“继续用日语会跟不上时代的议论”。这种“日语放弃论”的提法，从明治维新就开始了。所幸，日本政府没有废掉固有的语言，100年后，日本的科学、技术、经济飞快发展成为世界强国。

正因为汉字是表意文字，汉字发明3000多年以来，中国人也按照时代的潮流以不同的发音读不变的文字，日本人活用了汉字的这个特征，在固有的大和发音基础上配上汉字，即“训读”，不但吸收了汉字的优点，也发挥了日本原有的大和发音的优点，两者交织后在日本获得了新的成长。汉字出生在中国，在日本获得新的生命。

西方文明也是从希腊开始，之后由罗马继承，然后在法国和英国得到发展，就像传递圣火的跑者，不断地交替传递者，不断地运送圣火。

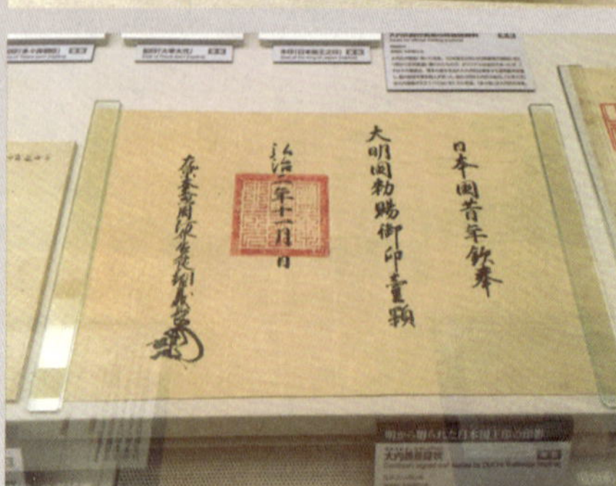

金印的时代

汉建武中元二（57）年，光武帝刘秀赐给日本小国家首领金印。而后成了黑田藩主家的传家宝，直到1978年福冈市美术馆建成，黑田家族后人捐赠给了福冈市。这枚金印是福冈市最出名同时也是唯一拥有的日本国宝。

金印之体验

金印呈四方形，颇有分量，印面上刻着『汉委奴国王』，抓手蛇形，蛇头上有双眼，身体用鱼子纹代表鱼鳞。福冈市博物馆的仿金印可供游客把玩体验。

日本汉字

割不断的历史文化纽带

当中国人初次接触日语时，会发现日语中有很多的汉语词，并因此油然产生一种自豪感，但是，如果告诉你现代汉语中有许多的日语词——和制汉语时，你一定非常惊讶。

中日之间的文化交流史上，有两个时期的情形特别引人注目：一是在中国唐代，一是在近代。整个古代，中日之间的文化交流传播可以认为是单向的，即由中国传入日本。当时中国的外来语主要只有从印度传入的佛教用语。在近代，倒是日本成了汉语的输出国。日本的“和制汉语”当然也大量进入中国的汉语中，成为中国人日常语言的重要组成部分。

明治时代，欧洲的新学问涌进日本后，日本人自由地进行汉字的造词，下面这些词都来自近代日本：

电话、社会主义、资本主义、干部、艺术、否定、肯定、假设、海拔、直接、警察、杂志、防疫、法人、航空母舰、文明、文化、政党、主义、方针、政策、个人、民族、进化、评价、能力、普通、平面、劳动、科学、逻辑、概念、法律、左翼、右翼、时间、空间、预算、决算、入超、出超、动产、不动产、动力、高压、低压、暖流、寒流、下水道、地下水、出版、协定、广告、结构、神经、番号、温室、交响乐、漫画、运动场、社会、权利、行为、幸福、攻击、忍耐、目的、唯物论……

正是从明治时代以后，日本人便已经完全将汉字日本化，也就是开始运用音读和训读创造新语言。即便是今天，很多流行词汇也是从日本过来的，如达人、宅男、宅女、卖萌、爆买，等等。

日本人继承了汉字文化之后，又将汉字文化创造发展。

曾经有人说现代汉语中有 80% 以上的词汇来自日语，虽然实际上并没有那么多，但是我们常用的一些汉语不少是来自日本，或是由日本人创造出来的，日本人赋予了许多古代汉语词汇全新的意义。

大唐鉴真东渡，给日本带去了灿烂的文化，汉字和汉语词汇进入日本，并造就了日本的书面语；当近代日本与西方相遇后，大量使用汉字和汉语词去译相应的西方名词、术语；出自日本学人之手的这些译语，在清末又潮水般涌入中国。这就是汉字在两国间的交融、演变。

把汉字作为官方文字的只有中国和日本两国。

鸦片战争后，不少有识之士先后主张洋务运动与西学东渐，开始学习并翻译西方语言的书籍。当时日本在学习西方起步更早，在明治维新前 100 年，日本从长崎的兰学开始，翻译了西方的书籍和编撰字典，相当多的西语词汇首先经日本学者翻译成汉语。

明治维新后，日本成功学习西方的技术与制度，并在甲午战争中击败中国，危机迫使中国一方面自行翻译西方词语，另一方面也开始向日本学习，借鉴日本已经翻译成汉语的西语。

在日语“外来语”中，可举“电话”和“俱乐部”两词为例。“电话”是日本人生造的汉语词，用来意译英文的 telephone。当初中国人对这个英文词采取了音译，译作“德律风”。在一段时期内，“电话”和“德律风”两种叫法通用。但后来，“德律风”这种叫法失传了。“俱乐部”则是日本人对英文 Club 的音译。这几个汉字，音、形、意三方面都是绝佳的选择，所以在中国沿用至今。

在清朝末年的时候，由于在当时的中国，熟悉西方文化的人不多，懂英文的人更少，翻译主要是由一些社会的精英来进行，比如翻译大师严复。在日本，由于明治维新的缘故，懂得西方文化和英文的人逐渐多了起来，因此很多学者都能承担起欧美词汇翻译成日语的工作。这几乎是同时进行的，所以在中国和日本具有两种不同的翻译，举个英文翻译的例子：

Capital	母财（严复译）	资本（日本译）
Economy	计学（严复译）	经济（日本译）
Evolution	天演（严复译）	进化（日本译）
Metaphysics	玄学（严复译）	形而上学（日本译）
Philosophy	理学（严复译）	哲学（日本译）
Society	群（严复译）	社会（日本译）
Sympathy	善相感（严复译）	同情（日本译）

通过大量的翻译引介，一大批日语词汇融入现代汉语之中。有意思的是，这些词汇甚至迅速取代了“严译”（按：指严复的翻译）的大部分术语。

为什么“严译”会被“日译”击败呢？对于这个问题，王国维的看法很有代表性。他认为“严译”的主要缺点有两个，一是过分追求“古”(archaism)，二是过分追求“雅”(elegance)，导致“严译”的术语学者能看懂，而老百姓看不懂，与正在进入白话文时代的当时中国民众的接受层次严重脱节，所以被淘汰。

日本幼儿园开始学的都是假名，越学到后来汉字越多，到了科学文献就基本上 80% 都是汉字了。

日本近代以来，科技日语词汇的创制与建构，离不开汉语的同构相随。如“地震”“哲学”“命题”“农业机械”等大量汉语词汇的创制，证明了明治变革以来，面对不断涌入的西方新事物、新概念，日本利用汉语工具翻译西方科技知识的事实。

由于同是建立在汉语的基础上，日制汉语和中国自己翻译的汉语词汇在经过相当时间的演变之后，逐渐进入汉语圈并成为汉语的新兴词汇，这些几乎涉及各类学科的新词汇。

梁启超这些中国学者的文章，把日制汉语新词汇重新返销中国。

1898 年秋，戊戌变法失败后，梁启超亡命东瀛。梁启超悟到，用小说启发民智，宣传变法维新思想，是一种极好的方式，就翻译了日本小说连载。国家、国民、领土、霸权、表决等新词汇为大众所认知。

日本和朝鲜均从中国引进了汉字、汉语，在汉语刚传入的古代，朝鲜确实比日本更强烈地受到汉语的影响，朝鲜语的词汇中，源自汉字语的约占七成，如今这些汉字语都被表音文字的朝鲜文字代替，就像写日文时全部用平假名书写。近代朝鲜语的汉字用法偏向日语。朝鲜的“外来语”也深受日语的影响。

日本人说的汉字和你想的不一样，在日本，如果日本人说“我很大丈夫”，请不要好笑，人家说的是：我很健康，请你放心好啦。其他例子还有：

勉强——本来汉语和日语都是做不愿意做的事情，直到明治以后，为了得到知识而努力被认为是一种美德，所以，日语勉强的意义逐渐与学习相似。

娘——在日文的世界中是“女儿”的意思。现代汉语中娘是母亲，古代汉语中娘指年轻的女子，从这点来看，日本的“娘”的用法继承了古代汉语。

大手——是大企业、大公司，大户头、大主顾的意思。用在城堡建筑上，便是前门、正门，日本全国各地都有“大手町”地名，表示以往位于城郭的正门附近。

小手——指手指。

小手先——手工活，小聪明。

手短——并非说你的手很短，而是简单、扼要。“拜托你手短一下好不好？”意思就是要你简单扼要地说。

平手——伸平的手掌、巴掌，用在下棋时表示势均力敌。

得手——是擅长、拿手，反之，不得手就是不擅长、不拿手。

切手——是邮票。世界上第一枚邮票是1840年5月英国发行的黑便士。日本在明治维新1871年4月首次发行邮票，日本近代邮政制度的首创者前岛密先生指定了郵便（郵政、郵件）、葉書（明信片）、切手（邮票）等词。日本自古以来称呼能证明已付了钱并取得权利的纸条为“切手”。

原为切符手形。

小切手——是与切手有关的另一个词，小切手是小邮票吗？不是。小切手是指支票。支票额比邮票大，为什么还冠上“小”字呢？江户时代，幕府支付给大名的工资是稻米，大名再卖稻米换来现金当收入。从产地送来稻米交易时会给经纪人一张“米切手”，经纪人根据“米切手”支付现金给大名。到了明治时期，外国传来支票，由于支票尺寸比“米切手”小，于是被翻译为小切手。

日本制造的汉字受近代西方文明的影响。

购物方面：

驚安和激安——安是“便宜”之意，而“驚安”“激安”就是表达比原价要便宜实惠不少的意思，在街头看到这些汉字的时候，不用犹豫，放心大胆地买买买就对了。

无料和有料——“无料”，就是免费、不用掏钱花钱；反过来，“有料”便是需要花钱，要收费的意思。看到店铺广告牌上写着“入场无料”，也就意味着能免费入场。日语习惯表达“入场无料”，而我们喜欢说“无料（免费）入场”，日语和汉语存在语法差异。

受付——按字面上理解的话，莫非是“接收付款”之类的意思？这个理解很接近于它实际所要表达的意思。在日本，一般指受理付款、结账的服务台、柜台，或者是对来访人员、参与人员进行接待的场所。另外，还有指对申请、诉讼、请愿等的受理。

税拔——这个“拔”字的实际意义跟“拔”的意思相近，因此“税拔”就是把税抽出来，也就是“不含税”的意思。

税込——想要表达“含税”的意思，那就是“税込”（“込”的读音与“迂”相同），所以结账的时候注意看清是否包含税款。

精算机——这是想说一部机器很擅长做精确的计算吗？那为什么不直接叫我们都知道的“计算机”呢？原来，“精算机”是作补票之用，也就是当您不小心丢了票的话，是可以通过这部机器进行补票操作的。使用它还有一大便捷之处，如果发现身上带的钱不够，可以在这边车站付一部分款，等到站再把钱补上。

御手洗——“御手洗”就是洗手间、卫生间、厕所的意思，这个从字面上就可以直接猜到它的意思了。总之看见“手洗”两字就基本上不会错。

妻——中国的妻子是指太太、老婆。看到年轻的中国人填简历写到“我妻子在某某公司工作”。日本人大为惊讶，这么年轻怎么可能老婆孩子都在同一家公司工作？日文的妻子则是包括老婆和孩子。

此外，生鱼片或某些日本料理旁边固定的配菜也称为“妻”。生鱼片一定会搭配白萝卜丝和青紫苏、海草、食用菊（妻菊），寿司则一定搭配甜姜片，咖喱饭一旁一定有福神渍（泡菜），这些固定陪在主菜身边的配料都称为“妻”。

人妻——是别人的妻子。

人夫——可不是人家的丈夫，而是临时小时工，指从事体力劳动的人。

食品方面：

扬豆乳——油炸豆腐。

大根——萝卜。

野菜——蔬菜。

人参——胡萝卜。

烧鳥屋——日本专门吃烧鸟的店，起源于17世纪的江户时代。在烧鸟屋中，“烧鸟”这一称呼除了指烤鸡肉串这一主角以外，还泛指猪、牛及内脏，以及海鲜、蔬菜等丰富食材串起来烤制而成的各种串烧类食物。发展至今，不同定位的烧鸟屋也在日本全国各地开了起来，可谓“一方水土养一方烧鸟”。烧鸟屋也发展到上有能摘到米其林星星的精致餐厅，下有能立足街边、配着啤酒站着吃完的小店。

日本汉字

中国人初次接触日语，会发现当中带有汉字，猜也能猜出几分意思。日本人继承汉字文化后，又将汉字文化创造发展。

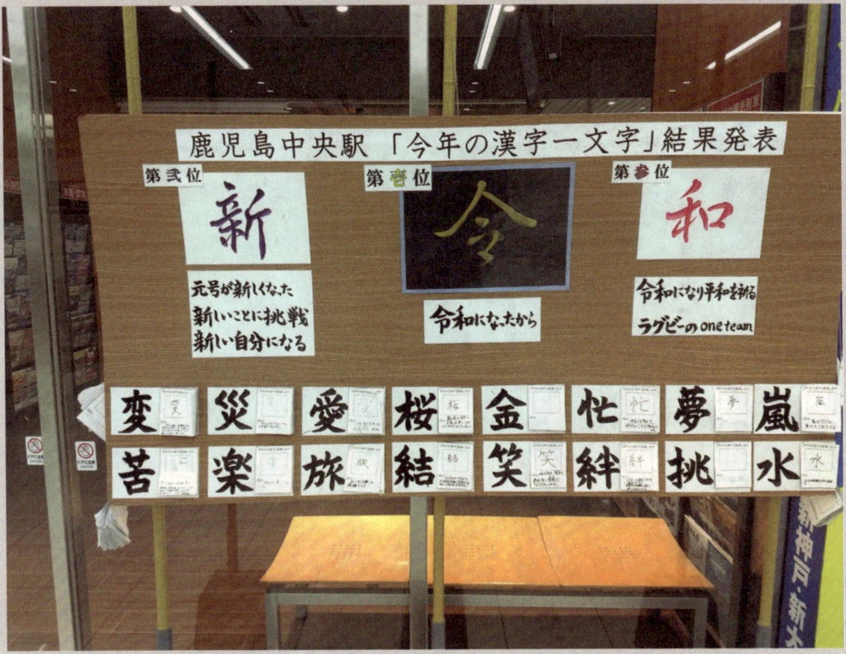

年度汉字

●日本汉字检定协会从1995年开始，每年年末在全国范围内征集反映该年度世态的『今年の漢字』（年度汉字），并于12月12日公布征集结果，这一天称为『漢字の日』（汉字日）。

●借此希望人们每年至少能记住一个汉字，更深入理解汉字的深远含义。

州

一吃再吃的地方

可品

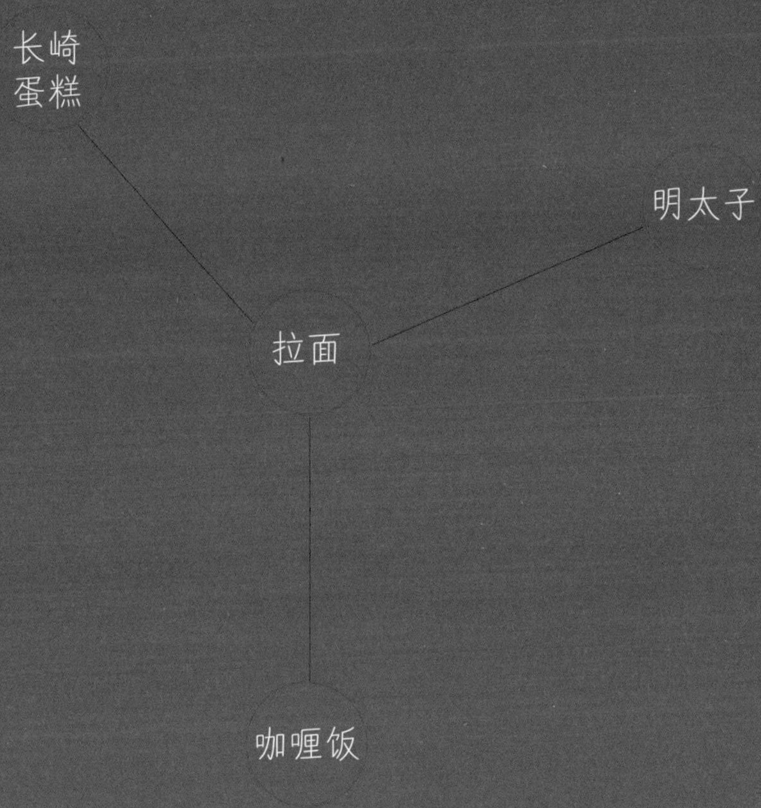
长崎
蛋糕
明太子
拉面
咖喱饭

壽

Chapter9

好物

人气“九州限定”

九州是日本外来饮食文化最早登陆的地方，从水稻、乌冬面、荞麦面、禅茶，到砂糖和肉食南蛮料理的传入，外来饮食经过本土化演变保存至今。由英国传入的咖喱菜肴，由中国传入的豆腐，到日本后花样新出。不少美食是“九州限定”，在九州才会有那个专属的味道。

博多拉面

日本三大拉面之首

满大街的拉面店，让人感受到国民食物名不虚传，可见拉面在日本受欢迎的程度。

日本人因为喜欢拉面，从博多拉面开始，演变出特色多样的拉面。博多拉面、札幌拉面与喜多方拉面并列为日本三大拉面。这还不够，日本人甚至发明了方便面，普及到了没有传统面食的地方，使方便面成为世界性的食品，全球平均每人一年吃不少于 10 碗。

拉面的正确吃法，第一步当然是喝汤。因为在日系拉面中汤是整碗拉面的灵魂，也正是汤底汤料的不同，成就了不同特色的拉面，但是汤底必不可少的是猪骨汤。类似中国有些老店一样，有“老汤”一说，拉面店每天都要熬制几大桶浓汤，“豚骨拉面”的汤头不可缺少，不仅仅有味清色清白汤，还有味重色重赤汤。

福冈附近的久留米，有家拉面老字号，他家最特别的是在猪骨、鸡骨熬煮 2 小时的动物类高汤中，加入使用小鱼干、日高昆布等煮成的海鲜类高汤，混合形成美味的汤底，呈现出浓郁又清爽的口感。

在不吃肉传统的日本，汤文化只有两种：清汤和高汤。与饭碗一起上的是味噌汤，而其他的叫清汤，无论哪个汤都盛在涂漆的木碗中，而不用陶瓷碗，这是出于审美的理由，汤碗使用涂着黑漆或红漆的碗，内侧是单纯的红色或黑色，使味噌汤的颜色看起来更加鲜艳。

日语高汤的词源自“熬出汁”，用木鱼、小鱼干、海带、香菇等高汤专用的食品来熬制的，不使用肉、油脂、强烈的香料，这也是日本饮食文化的特征，鱼、贝类先一起煮，为了增加鲜味用海带和香菇吊高汤，做出鲜美汤类的基础是制作高汤汤底。

从博多拉面用豚骨汤来看，拉面出现的时代比较晚，历史短暂，应该是有了吃猪肉的习惯之后，也就是 20 世纪日本开始流行炸猪排后。因为战败，从中国各地回到日本的人们，到处开起了拉面店。当时日本正在为粮食不足而烦恼，人们都缺乏高营养的食物，用鸡、猪肉熬成的汤，放了叉烧的中国面，与日本的传统面相比，营养更加丰富，所以拉面十分受欢迎，很快在全国普及。各地的拉面店在其当地喜爱的汤的调味及配菜上，下了很大的功夫，开发出地方独特的烹饪法。

在札幌，用味噌取代盐和酱油调味，在汤的上面加了北海道特产的黄油和玉米。为了不让味道浓厚的汤破坏面条本身的味道，加入大量碱水、用有弹力又较粗的面条来配合。此外，还有旭川拉面、函馆拉面、上川拉面等著名的北海道拉面共和国的拉面成员。九州有名的拉面是长崎的长拌拉面、熊本拉面、鹿儿岛拉面等，在拉面前加上发祥地的名字，就这样，起源于中国的面条在日本各地被地方化，成为当地的“土特产”。而中国有些人却把拉面作为日本的原产地，在中国大城市开了“日式拉面”店。

相对于用盐水揉面的日本传统面食做法，拉面的原料中通常会加碱水揉面，日本人认为碱水面的做法来自中国，常见的碱水面除了兰州拉面、广东竹升面，还有武汉热干面、宜宾燃面、岐山臊子面等，所以碱水面在日本也称“中华面”。碱水的作用是增加面的弹性，使面更加筋道，一般面条颜色略黄，带有一种独特的香味。

喜爱拉面的人，对拉面的粗细、软硬度都有讲究。兰州拉面细的有毛细、二细、三细，宽的有韭叶、大宽、三棱子。日本拉面中，也有用 1 番 2 番来描述面条粗细的指标，博多拉面最细，其次是札幌拉面，宽的不像白胖可爱的乌冬面那么粗。面条粗细会直接影响食感，细的面条顺滑、容易入口，加上豚骨浓汤底，能给客人带来清爽的口感。粗的面条则容易与口腔有更多接触，更有存在感。如乌冬面，面条粗细的跨度可能远比你想象的要大。

拉面的历史虽然短暂，却拥有演变出丰富品种的活力，十分能体现日本工匠精神。拉面与统一标准连锁店食品不同，强调地方的、店家的特色，成为最有个性的食物。汤底、面条、配菜、调味，每一样食材的用心选择、搭配，都注入了日本料理精髓——在简约里追求极致。

很多人都说高汤是日本料理的命脉，也就是不可或缺的重要元素。几乎所有的日本料理都需要高汤来提味，就连酱汁类的佐醋都用添加高汤。因此，汤本身就是料理，熬煮属于自己滋味的高汤是实践一生的学问。从豚骨汤开始，到与日式高汤传统的融合创新，独具的匠心赋予了拉面个性食物的味道，吸引着人们刻意要品尝不同的味道。一锅豚骨肉汤带来的拉面文化，在日本被改造又遍地开花。

明太子
福冈第一名产

在日本家喻户晓的福冈特产是：明太子。

明太子指的就是明太鱼即阿拉斯加鳕鱼的卵。“明太子”在日语中原本指“鳕子”，一般是指黄线狭鳕（日文称为助宗鳕）的卵。但如今日语中提到明太子，多指“辛子明太子”，辛子明太子是指经盐、辣椒粉、昆布出汁、日本酒等腌渍而来的鳕子，就是辣的明太子。追溯其起源，来自朝鲜半岛。

朝鲜半岛东海岸是阿拉斯加鳕鱼的产地。冬季当地人在空地上搭起棚子，将一整排的阿拉斯加鳕鱼晒成鱼干，经过反复冻结干燥的鱼干，肉质会变得又松又酥，重量很轻，也很耐放。这样的鱼干是朝鲜半岛的重要食物。将鱼干撕成细丝后，加入麻油、芝麻粉、辣椒粉、砂糖及酱油，用手搓拌就成了一道简单的小菜。

在制作鱼干时为了不浪费食材，一般会将鱼的内脏或鱼卵加工制成盐辛酱。腌渍的明太子抹上辣椒粉、蒜泥，放置约两天就变成明太子的盐辛酱。“二战”后，从朝鲜半岛撤军返日的人，在博多区制作出了类似明太子盐辛酱的东西。

明太子的主流做法是“腌渍型辛子明太子”，即将辣椒粉混入调味料，一次性腌渍的明太子。这种方法发源于日本福冈，阿拉斯加鳕鱼在日本海与北海道也可捕获。后来人们将来自国内外产地的盐味明太子放入加了辣椒粉的调味液腌渍，制成辣明太子。调味液的原料种类与调配的比例是各厂商的企业机密。

福冈当地人将辛子明太子简称为“明太子”，后沿用至今。1976 年随着新干线延伸至福冈，明太子开始闻名全国。

日本的辣明太子是生鲜食品，所以必须放进冰箱保存。博多产的则保有鱼卵弹牙的颗粒感，调味料比韩国的清淡些。

明太子横切面粒粒分明、晶莹剔透，浓密醇厚的口感带上一丝丝辣度，可以当作佐酒小菜，也可以配上热乎乎的白米饭，让人食欲大开。卷入鸡蛋、肉、蔬菜等食材中也可变成各种有趣的明太子卷；和米饭搭配可以做成茶泡饭、明太子饭团、明太子寿司；细碎的明太子还可以搭配各种小菜，也可与美乃滋等混合成为意面、章鱼烧等食物的美味酱料。

明太子根据状态不同可分为「一本物」、「切子」与「くずれっ子」。“一本物”是指几乎保留了一整块的鳕鱼卵，完美地呈现出一长条的形状，这种明太子还可用来作为答谢赠礼送人。“切子”是指在制作过程中，被切断或外皮被剥离状态的明太子。“くずれっ子”则是指在制作明太子过程中碎掉的部分，适合直接食用或是用来做料理素材。

明太子

明太子是福冈著名的特产，味道偏咸，多为粉红色，非常受外国人欢迎的，也是回国时要带回家的福冈土特产之一。

马肉刺身 樱花般粉嫩的熊本名物

对于熊本的马肉，我们则早有耳闻。

熊本被认为是马肉的王国、马肉的圣地。品尝熊本的马肉并感受熊本人对它的热爱，是观光的目的之一。

日本近全国总量 90% 的马肉生产于九州和东北。九州不仅有第一位的熊本，而且，福冈也进得前五位，排名第四。熊本马肉的消费量也是日本之最。两项数据与第二位的福岛县均有很大的差距。

在熊本，食用马肉有专门店，一般的居酒屋的菜单里，大抵都有马肉。在普通超市里，也和牛肉、猪肉摆放在一起出售。熊本食用的马肉，是肥养到 800 千克～1 吨的“重种马”，而不同于福岛会津食用 600 千克左右的“轻种马”。烹饪方法有许多，比如刺身、火锅、寿司、串烤、铁板烧烤、煮马肠、涮马肉、马肉香肠、盖浇饭、酱汤等。其中口碑最好的是把马肉切成片生吃，日语叫“马刺”，是马肉刺身的略语。

熊本的马刺入选为“农山渔村的乡土料理百选”的第四位。受到本地人喜爱，被全国推选，可以看出人们对它的认知度之高。熊本人骄傲地说，马刺成了熊本县的代名词。

熊本国际观光协会制作的《熊本城》导游册（2017 年 6 月号），刊登了马肉料理店菅乃屋的广告：“菅乃屋用‘食’支援熊本的复兴。”这家马肉专门店在繁华街上拥有两家餐馆，并在土特产店街上拥有一家礼品店，它的“上通店”位于熊本市中央区城东町某大楼 2 楼，供应马肉的稀少部位。马肉还有一些特有的、稀少的部位值得品尝，它们是：颈部的皮下脂肪、肋部的三角肉、心脏、大动脉以及舌和肝脏。其中，颈部的皮下脂肪的马刺人气度最高，嚼起来咯吱咯吱的，食感独特，和精肉一起食用，美味倍增。

熊本人食用马刺很讲究，使用的蘸料采取的是“甜酱油 + 蒜泥 + 生姜”的模式。刺身本不需要加以佐料煮使之入味，但不同的蘸料却能吃出不同的效果。与吃生鱼片蘸芥末酱油不同，与福岛会津人吃马刺蘸辣酱（辣椒 + 蒜 + 酱）也不同，熊本人使用比一般的刺身酱油更浓厚的、带有甜味的、九州特有的酱油，在酱油里用 1 ∶ 1 的比例掺入蒜泥和生姜。据说蘸着这样的酱油吃，可以诱出马刺的甜味，并且，用薄薄的马刺裹着新鲜的圆葱丝，再用绿色的大叶裹着马刺吃，味道最好。

也许是源自火锅煮的马肉呈现樱花色彩，马肉又称“樱肉”。马肉火锅有三种，一种是锅子中间凸起，起烟囱的作用，马肉在煮沸的水中涮着吃；一种是放在砂锅里，和其他的蔬菜一起煮着吃；还有一种是日本式的素烧，也称“樱火锅”，是蘸生鸡蛋吃的。

为什么爱食马肉？熊本人说，因为想健康长寿，因为想减肥，因为一份割舍不下的情怀。

在健康方面，马肉与牛肉、猪肉相比，主要成分中所含的卡路里和脂肪低，卡路里只有牛肉的三分之一、猪肉的一半，脂肪与其他的肉相比，也只不过 1/8 左右，人的所需能源之一的肝糖却是牛肉的 3 倍、猪肉的 5 倍左右。肝糖丰富，有利于促进疲劳恢复和提高专注力，调整血糖。马肉还富含铁、维生素、钙等必需的氨基酸，是绝佳的健康食品，适合于减肥，对成人病和脑溢血等也有预防效果。熊本县男女的平均寿命在日本都为第 4 位，这与食用马肉不无关系。

在情怀方面，据说熊本人食用马肉的历史超过了 1000 年。675 年，日本最早的天皇天武天皇发布了肉食禁止令“不吃牛马犬猿鸡之肉”，可知至少在这一时期，人们早已食用马肉。400 年前，肥后熊本藩第一代藩主加藤清正跟随丰臣秀吉出兵朝鲜，粮尽，不得已生食军马，回国后也爱吃马刺。于是，加藤清正在其领地熊本传播了食用马刺的文化，并向全国推广。又因为马肉有解热作用，贴在患部可以充当治疗的药物，在当时，是生存下去不可缺少之物，马肉得到了民众的喜爱。有 8 个马种自古就在日本，没有和外来种交配过。可以标明“熊本产”的出生在熊本的马，每年不足 200 头。其余的都是生在北海道或者加拿大，长在熊本。

在日本，马自古以来被认为是吉祥的动物，把马的汉字反过来的“左马”是招福的象征。这由来是马必须从左边骑，从右边骑会摔倒这一习性。“左马不倒”意为可以顺利地度过人生。根据马肉的另一称呼“樱肉”，每年樱花盛开的 3 月 29 日左右，商店会举行相关的活动。日本除了熊本和福岛以外，富士山一带的马文化也负盛名。东北地区的青森县是名马的产地，目前生产量位于日本第三。

在熊本城脚下的樱小路，一眼就看见了菅乃屋的礼品店。为了招揽中国游客，该店在门口挂出了醒目的中文牌子“刚做好的马肉油炸肉饼 250 日元”。

“樱小路”是一条过去武士们骑着马来往的通往天守阁的近路。现在这条路上地方风味的餐馆和土特产店鳞次栉比，感受得到以诸侯的居城为中心发展起来的城镇——城下町的氛围。路一头的“樱之马场 城彩苑”是可以看影视的，还可以穿戴古代服饰，学习和体验熊本的历史、传统；路的另一头，可以通往熊本城。

菅乃屋内，马肉的礼品种类繁多，其中盐烤马肉 100 克装，每袋 600 日元（约合 36 元）。正合适，伴手礼就用它！我们带回旅途的见闻，把日元留下，为熊本城的灾后重建尽绵薄之力。

马肉刺身

马刺用绿色的苏子叶裹着吃。挂出中文牌子的马肉专门店『菅乃屋』，礼品种类繁多，还售卖马肉油炸肉饼。

豆腐冰激凌

老食材新惊喜

日本人喜欢利用豆腐制成各种各样的食物，豆腐冰激凌就是日本最初的发明，与普通冰激凌不同的是，豆腐冰激凌更加香滑，豆腐味浓郁，营养充足。

豆腐也能做冰激凌？这是豆腐入乡随俗，从中国到日本后从灰姑娘变成公主。大豆制品在我们的生活中有很多，比较常见的就是豆腐、豆浆之类的食品，习惯用上作为餐桌上的副食品来补充，豆腐和冰激凌的组合十分新颖，日本人凭着对冰激凌的热爱和工匠精神，反复尝试，才做出口感丝滑的大豆冰激凌。

据日本冰激凌协会 2016 年的调查统计，世界冰激凌的人均年消费量以澳大利亚 (19.3 升) 为首，大洋洲、北美和北欧国家位居前列，日本以 6.5 升排名第十七位，成为亚洲冰激凌消费的王者。冰激凌在日本被狂热喜爱，以至于日本人让喜欢的食品豆腐也变成了冰激凌。

在日本还没有遇到冰激凌之前，中国唐朝的贵族们已经开始享用一种类似冰激凌名叫“酥山”的美味食物了。它是用冰、奶油和酥油制作而成的。元代，意大利探险家马可·波罗的《东方见闻》书中曾提到：“东方的黄金国里，居民们喜欢吃奶冰。”于是人们猜测马可·波罗将冰激凌带到了意大利，传入了法国和北美大陆。在热爱冰激凌的北美大陆上，冰激凌的制作规模逐渐扩大，最终成为了风靡全球的标志性美食。

幕府派往美国的使节团尝到了冰激凌这一神仙美味，备受震惊的同时也将它带回了日本。日本出现了最早制造及贩卖冰激凌的店家，由砂糖、鸡蛋、牛奶制作的冰激凌售价昂贵。随着冰激凌大众化的推进以及家用冰箱的普及，日本迎来了冰激凌的繁荣时代。

毕竟冰激凌在很大程度上与高热量画上了等号，但是大豆冰激凌的热量其实是很小的，相比于传统冰激凌来说，大豆冰激凌对于爱美人士更加友好，并且对于一些肠胃比较弱的人群而言，大豆冰激凌也更加温和适合他们食用。

在健康程度上而言，豆腐冰激凌更胜一筹，是日本人对食品产业的重大贡献。它不仅满足了口感，而且随着年龄的增长，老人不需要咀嚼和吞咽，吃起来非常方便，有营养，应该是豆腐的再发明。

日本豆腐冰激凌的原料正是大豆。它采用九州熊本县的优质大豆，有黑豆、绿豆。熊本县具有 800 年历史的五木村豆腐店，因为在有甘甜水源的地方，生产出美味的豆腐。经过脱腥等多重工序的处理，混合原料的配比、发酵等，变成香甜的豆腐冰激凌。

豆腐起源和食用在中国，而豆腐制作技术的外传始于唐朝。赴日高僧鉴真和尚第六次东渡成功，才把豆腐的制作全过程传授给奈良东大寺庙的高僧。在 1963 年中国佛教代表团赴日本奈良参加纪念鉴真和尚逝世 1200 周年时，许多日本豆腐制品行业品牌店参加了这次盛会，他们认定中国的鉴真和尚是日本豆腐的祖师。

日本在豆腐的食用上表现出来的一料多吃的特色，是创造力的表现，除了豆腐冰激凌外，还有豆腐酒，在这个营养品、保健品充斥的时代，豆腐冰激凌又带给人们新的惊喜。

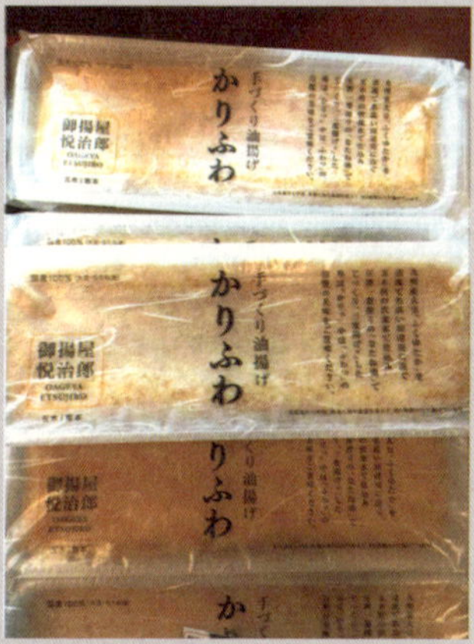

五木村豆腐店

具有800年历史的五木村豆腐店，因为在有甘甜水源的地方，生产出美味的豆腐。

长崎蛋糕

江户时代的南蛮点心

蜂蜜蛋糕（Castella）这个名称来自西班牙的卡斯提尔王国，南蛮贸易时代，日本人将西班牙称为 Castella，于是就产生了这个名称。全世界都把蜂蜜蛋糕叫作 Castella，而且认定这是日本的甜点，华人地区才叫它长崎蛋糕，经过多次改良后，这源自欧洲的美味点心，竟成了日本道地的土产。

最早传入日本的西洋料理是南蛮料理。日本人把伊比利亚半岛来传教的葡萄牙人、西班牙人叫作南蛮人。接触到南蛮料理的是改信基督教的人们，但在基督教受到打压后，南蛮料理就急速衰退，无法延续至今，销声匿迹。而南蛮点心，则在江户时代就已经大受欢迎，大量使用砂糖、面粉和鸡蛋，南蛮人将这种新颖的糕点制作方式带进了日本。

蜂蜜蛋糕、鸡蛋球、牛奶糖、金平糖、有平糖，还有用冰糖和蛋黄制成的面线点心——鸡蛋素面，都是日本流传至今的南蛮点心。

1546 年葡萄牙传教士圣方济・沙勿略来到日本，他带给日本的不仅仅是上帝的福音，还有日本人一直缺乏的砂糖。他献给平户的领主松浦隆信一种像星星般的糖果，这种糖果被后人称为“金平糖”。金平糖的主要成分是冰糖，上面有突起的小角，捧在手中好似星子。精致又美味的糖一下子就赢得了领主的心。当时能吃到金平糖的人非富即贵，为了防止它流入民间，它的配方被严格保密。

随着南蛮果子的传入，砂糖、蛋糕、面包等制作技法在日本生根发芽，给和果子增添了新鲜血液，拓展了和果子的领域，成为其制作技法的重要组成部分。

长崎蛋糕没有一般西式蛋糕常见的花俏造型或细腻的鲜奶油装饰。长条型的鹅黄色蛋糕，原料非常朴实。口感柔润有弹性，带着少许鸡蛋的香气以及砂糖在舌尖上漾开的甜蜜。长崎蛋糕的原料极其普通，但是不使用搅拌器械，完全靠纯熟的手工技艺精制而成的糕点。原来越是貌似简单的蛋糕越是考验技术啊！

传统正宗的长崎蛋糕的原材料就只有三种：鸡蛋、粗目糖（透明颗粒较大糖）、小麦粉，尤其在制作时，无添加剂任何化学成分，所以需特别挑选新鲜的鸡蛋，以免影响蛋糕的风味。正宗长崎蛋糕在烘制后，需静置冷却超过一天，让糖、底部的粗目糖能均匀地分布到蛋糕体内，在食用时，能吃到微微“喀喳”的粗目糖声响，享受蛋香、糖香。这是与添加蜂蜜的蛋糕不同之处。长崎蛋糕，出炉后放一两天是最美味的品尝状态，而且蛋糕体具有弹性，不是像松绵的戚风、海绵蛋糕，因为在烘制时，无添加任何防腐剂、人工香料等化学物质，属短保质期产品，福砂屋的长崎蛋糕赏味期仅有 8 天。

后来我们看福砂屋的视频，果然最后的面糊是非常稀的，光滑细腻地倾泻而下，跟戚风蛋糕面糊完全不同。而且，面糊里面的湿性材料只是鸡蛋和糖浆，没加过牛奶、黄油之类的液体，既要把蛋液打发得绵密细腻又不会过度，不温不火，恰到好处，这绝对不是一天两天能学到家的技术活啊。当然新鲜的鸡蛋和好的配方是功不可没滴。过程大概是这样：手工将蛋白打出绵密柔细的泡沫后，逐一加入蛋黄、双目糖搅拌（据说师傅能根据双目糖落下的速度和沙沙的声音判断出面糊的硬度），然后加入上白糖、糖浆、面粉混合拌匀。较一般蛋糕店将蛋白及其他材料混合，用机械搅拌，长崎蛋糕吃起来口感更为绵密。另外，在制作过程中，粗粒的双目糖与面糊的摩擦可以使蛋糊烘烤后散发出独特的糖香，一部分双目糖因搅拌慢慢融入面糊，一部分未溶解的颗粒就沉留在底层，烘烤后产生咯吱咯吱脆脆的口感，既平衡了蛋糕甜度，又突出了口味的立体层次感，配上湿润蛋香的蛋糕体，妙不可言。

在日本知名长崎蛋糕老店中，300 多年的老店有松翁轩、福砂屋，以及 117 年的文明堂总本堂，这三家老店均起源于长崎。在长崎地区也有不同品牌烘制不同的长崎蛋糕，长崎蛋糕可说是长崎地区的伴手礼代名词。

日本曾经物资匮乏，而这由葡萄牙传入的南蛮果子，用砂糖、鸡蛋、面粉制作的蛋糕，被视为珍贵的奢侈品。由于蛋糕里的主要成分鸡蛋可提供身体所需的营养，所以，只有在重要时刻才会特地购买，成为当时高级的送礼伴手礼。这种高不可攀的形象下，这些百年老店力拼转型以吸引年轻消费族群的关注，从我们所熟知的基本款原味长崎蛋糕，增加了抹茶、巧克力、芝士、草莓等口味，或是以长崎蛋糕为基底的蛋糕卷等，迎合年轻人喜欢的口味。

杂拌面 物美价廉 书生最爱

19 世纪末，九州长崎华侨发明的杂拌面（Champon）是以中华料理为基础，发展至今成为影响力广泛的著名品牌。

长崎四海楼是来自福建福清的华侨陈平顺创立的中华料理店。陈平顺 1892 年来到长崎，他与几个朋友租借了广东会馆的房屋作为四海楼最早的店面，后来他独立经营。陈平顺能够移居长崎生活立业是靠着亲友的帮助，因此他站稳脚跟后也常常帮助后来的华侨和留学生。为了使他们吃得好一些，增添在外生活的勇气，陈平顺用传统的猪骨头汤、长崎近海出产的海产品、豆芽、卷心菜等材料，将福建的肉丝汤面改造成价廉物美的长崎杂拌面（Chanpom）。

Chanpom 一词在日语中意为“掺和”，是江户时代出现的词语，语音起源于中国乐器钲的“呛”和鼓的“嘭”。而长崎杂拌面的来源，是来自福州或闽南方言中“吃饭”的发音。

物美价廉的杂拌面不仅受到当时留学生的欢迎，也很快在华侨居住区普及，并得到了长崎本地人的认可，当时外出就餐的习惯尚未普及，外卖是普遍的形式，四海楼制作了外卖用的餐具，并将其传授给其他杂拌面店。当年前来四海楼食用面条的客人络绎不绝，杂拌面是学生喜爱的料理。

四海楼开业后的 8 年间，长崎市出现了十几家杂拌面店，大部分是华人开的。当时一碗杂拌面是 4 ~ 5 钱，而一个面包大概是 10 钱，即一碗杂拌面比一个面包便宜近一倍，这也许是杂拌面能受到长崎华侨和当地人欢迎的主要原因。

报纸和《长崎指南》中，都以“长崎的名物名产”为题作了报道，把杂拌面称为简单便宜最流行的的长崎特产，还将其写入歌谣中。“二战”后，作为长崎中餐馆的头牌菜，杂拌面逐渐演变为长崎乡土特色菜和旅游资源，出现了更多由日本人经营的专卖店，在日本有较高的知名度。

慕名前来光顾元祖四海楼的客人，除了一般的本地客和外来旅游者外，还有日本国内外各界知名人士，其中包括昭和天皇的兄弟与太子，以及挪威国王五世及夫人等。

与长崎杂拌面的普及有直接关系的是长崎滨胜餐厅。滨胜餐厅是由日本商人米滨豪及其兄弟几人创建的。他们在长崎开了滨胜猪排店，又开了一家“乡土料理别馆滨胜”卓袱料理专门店。

1970 年大阪世博会后，饮食行业发生了新变化。世博会中展出的连锁餐饮店、美式中央厨房等在日本饮食行业中引起了很大反响。之后，美国云雀餐饮等也相继在日本开办连锁店。米滨豪决心开发新产品，向连锁店领域进军。

20 世纪 60 年代后期兴起的札幌拉面是早期日本连锁店的成功案例之一。当时在长崎以外的地方很少能吃到杂拌面，米滨豪决定以长崎杂拌面为产品开发连锁店。1974 年，店名为“长崎 chanmen(ちゃんめん)”的第一家店在长崎正式开业。由于价格便宜味道独特，受到了当地人的欢迎，不久后又开了 3 家连锁店。

米滨兄弟将企业整合为滨胜卓袱料理店、滨胜猪排连锁店以及长崎 Chanmen 连锁店 3 项，1977 年起在九州各地建立工厂开设连锁店，1979 年将企业本部设在东京，并开始在全国各地建立连锁店。1982 年，企业正式更名为“Ringer hut(リンガーハット)”（格林小屋）。

格林小屋拥有长崎杂拌面连锁店 600 多家，滨胜炸猪排连锁店 114 家以及长崎滨胜卓袱料理总店 1 家。长崎杂拌面连锁店供应的都是日本人喜爱的中华料理常见菜。格林小屋在美国、泰国及中国香港和台湾地区也建立了特许经营连锁店，而且陆续在东京和大阪等地上市，社长也两次获得日本皇家最高奖蓝授褒章。

长崎杂拌面已成为日本的大众料理，除了格林小屋外，以长崎杂拌面为基础打造的各种风格的杂拌面也遍布日本各地。如在日本关西地区有 58 家连锁店的“近江 Chanpom”。长崎发源的“Chanpom”文化也传播到海外，据称韩国杂拌面也源自长崎。

长崎是杂拌面的发祥地，杂拌面是长崎中华料理的代表，同时也是长崎的文化旅游资源。长崎人对杂拌面喜欢至极，杂拌面店遍布长崎各个角落，从高级酒店到街头小店都会提供杂拌面。四海楼作为元祖，是以老字号和品牌为本，不建立分店和连锁店。

卓袱料理
一桌三国菜的风月

卓袱料理诞生于长崎的贸易时代，它是中国餐桌上进食习惯的日本化。长崎人在中国普茶料理的配餐基础上，结合葡萄牙式西餐，混合了中国菜和日本菜，形成长崎特色宴席，最能体现日本接受外来饮食文化的历史。

16 世纪在日本活跃的耶稣会宣教士说："我们欧洲人的餐桌是放食物之前就放在那里，他们日本人的餐桌是把食物放好后从厨房里搬出来的。"传统的日本房屋中没有专用空间的餐厅，只要摆上食案，在哪个房间都可以进食。在婚礼和葬礼等仪式上聚餐时，主家会拆掉门窗和移动隔壁，整个房子都可以用来当作进餐的场所。

食案有各种各样的形式，根据不同的身份常用的食案种类也不同，节日时还会使用特别的食案。外黑内红的食案是民间举行婚礼时新婚夫妇使用的。这种小型的餐桌上，摆上饭碗、汤碗，盛一道菜的小碟子，就会满满的，这是平民日常的标准菜单。饭和汤可以添加，这是主妇的职责。进餐时，将各式料理分成小份，摆进几个像托盘的食案里，按长幼尊卑的顺序端到每个人面前，单独地吃喝，禁止大声交谈。

"卓袱"，卓，桌也；袱，桌布。卓袱料理最初的使用是被中国人称为"八仙桌"的方桌，凳子围坐。后来也有圆形桌，铺上台布。长崎卓袱料理的起源，是应邀前来长崎兴福寺的中国隐元法师传到日本的普茶料理。"普茶"意为"请所有僧众饮茶"，饮茶之后有谢茶习惯，即众僧围桌就餐，吃点心和茶点，与寺院的茶礼文化有关。圆桌形式的饮食习惯伴随黄檗宗文化传到日本。

卓袱料理是闭关锁国的日本唯一允许中国人居住的地方长崎形成日本化的中餐。大家围在一张桌周围，坐在椅子上，分取装在大盘子里的菜，一开始就先把小菜全部放在桌子上，一边用筷子进食，一边大盘端上红烧鱼，其他热菜也摆上桌，西洋酒具高脚杯里倒上红葡萄酒，可以边吃菜边喝酒。适于拉近宾主关系，适于家族团圆，人们不必拘谨地说话。这比日本坐在榻榻米上用食案单独的吃饭习惯更适合交流和形成气氛，迎合了长崎港口商业活动的需要。

卓袱料理的饭店开始从长崎出现，后来在京都、大阪出现了，不久之后的 19 世纪初也流行于江户。

“卓袱料理”又叫西洋料理店，也是体验西餐最合适的地方。长崎的荷兰人喜欢这样的地方进餐，那就是坐在椅子上，围坐在餐桌旁，享受美妙的西餐，眺望长崎港美丽的风光。身着和服、脚穿木屐的日本女孩赏心悦目，秀色可餐，颇有一番韵味。

在横滨、神户等通商的港口，这些针对外国人营业的小吃店和小菜馆，叫西洋料理店，之后，演变成为针对外国人的妓女会集的特殊饮食店，风月场所。

长崎的一家名叫“花月”的料亭，是保留当时建筑风格的贵重历史遗迹，寓意“花好月圆”，传承卓袱料理 400 多年。历史上，孙中山、坂本龙马等中日名人都曾光顾过。当时的革命活动带有极大的危险性，“花月”料亭是掩护情报和人员的最好场所。

卓袱料理是长崎的商人们进行商业活动的场所。坐在椅子上，吃着中式、西式和日式混杂的食物，除了用筷子外，有时也会用刀叉和调羹，气氛融和。餐桌用餐的卓袱台到了 20 世纪初在日本开始普及，最初是坐在榻榻米上使用，桌子的腿很短，有些桌腿做成了折叠式，席地而坐的矮卓袱台餐桌最先从城市中产阶级的工薪家庭中开始使用的。第二次世界大战后，使用餐桌的家庭增加了。

卓袱料理中使用鱼、鸡、猪等食材，可以边吃菜边喝酒。尽管菜单里面有源自中国的菜，但是大部分都是日本传统的烹饪技术。

卓袱料理中一部分是葡萄牙式西餐，又称“南蛮料理”。葡萄牙人将来自欧洲、美洲、非洲、亚洲等产地的食品带到了九州长崎。有新大陆原产的玉米、土豆、南瓜、辣椒、西红柿，欧洲食用的兔子，东南亚的肉豆蔻。而作为食品的有面包、饼干、圆松饼、卡斯提拉蛋糕、金平糖、天妇罗、油炸豆腐、清炖鸡等，饮料则有红酒、烧酒等。烟草、水杯、玻璃器皿等都出自葡萄牙。

南蛮船大多在九州的长崎和平户靠港。在这些地方，基督教徒之外的一般人开始食用牛肉。教会弥撒中不可缺少的面包，日本锁国禁止基督教的时候，首当其冲被禁止的是吃牛肉面包。

中国船也在这里停靠，人们为了食用而饲养猪。当时的长崎也有很多中国船，形成了唐人街，福建人日常没有吃牛肉的习惯，只吃猪肉、鸡肉和鹅肉。中国人的肉食在禁令的范围外。

长崎人将西餐的主要材料由肉改为鱼，用酱油和豆酱代替奶酪、黄油，成为传至今天的日本式的南蛮料理。

葡萄牙人和荷兰人对日本饮食文化的贡献是普及了砂糖的甜味。葡萄牙人和之后的荷兰人将砂糖作为高价调味料带入日本。葡萄牙人在砂糖或冰糖里加入鸡蛋、面粉，制作成当时极为奢侈的砂糖点心带到日本，它也被称为“南蛮果子”，有金平糖、圆松饼、卡斯提拉蛋糕（长崎蛋糕）。

欧洲的油炸食物文化也被移植到了日本，如今成为日本代表性菜肴之一的“天妇罗”，据说起源于葡萄牙人传来的烹饪法。

2009 年为纪念日荷交流 400 年，厨师们用番茄、芦笋、培根肉和奶酪、黄油，还有牛奶等“南蛮”食材作料，由此诞生了“荷兰什锦汤面”。荷兰人在长崎贸易出入岛的生活有限而单调，饮食上并没有多少创造，荷兰的食物主要是牛奶、黄油等。所谓的荷兰食物，就是将鱼整条炸后再用酒慢炖。

卓袱料理中还有普茶料理的素菜。对中国有浓厚兴趣的长崎流行吃卓袱料理和普茶料理，也出现了这两种菜的专门店。

17 世纪中期，中国的禅宗高僧隐元来到日本，在京都郊外的宇治建造了黄檗山万福寺，相传那时隐元传播了中国风格的素斋烹饪技术，被称为“普茶料理”，相当于今天的素斋的制作。普茶料理使用的食材均为素料，包括笋、蘑菇、海带、山药、豆腐、腐皮、面筋等，经常使用芝麻油，主要用海带冬菇等各种植物性材料提取高汤，很多食材是没有味道的，通过重叠运用各种炸、炒、煮等烹饪方法，把植物性的材料做出鱼、肉的观感及口感。因此，通常普茶料理比较花费时间和精力。这样来体验“酸、甜、苦、辣、咸”五味，是修禅。

最后，是带有一份禅味的装盘美学——眼睛享受的观赏菜肴。

普茶料理成为日本餐桌上的素食——精进料理，精进料理不仅能在长崎、京都、大阪的黄檗宗寺院里享用到，在其他地方也能找到。

卓袱料理

●卓袱料理是长崎的商人们进行商业活动的场所。大家坐在椅子上，吃着中式、西式和日式混杂的食物，除了用筷子外，有时也会用刀叉和调羹，气氛融和。

咖喱饭 全民皆爱的西餐

咖喱饭，日本国民菜肴，是日本人“最喜欢的西餐”。

要问日本人有多爱咖喱，据 2016 年统计，日本人一年就吃掉了 100 亿盘咖喱，按照现在日本 1.27 亿的总人口计算，平均每个人一年就吃掉将近 80 盘的咖喱，受欢迎程度远远超过了拉面 60 亿碗，成为当之无愧的日本第一国民食品。在制作咖喱粉的姜黄粉的消费方面，日本已经是继印度之后的世界第二位。

咖喱最早出现在印度，是由印度进入欧洲，再由欧洲进入日本的。九州在葡萄牙人到达后，接受了这些漂洋过海而来的香料，给日本人的料理增加了香味和舌尖上的刺激。

咖喱原本在印度泰米尔语中是指“加入香料的酱汁”，对印度人来说咖喱是所有酱汁的统称，并不是某种固定的调味方式。印度盛产香料，印度人烹饪爱放香料，经常把各种香料和肉、菜放在一起煮成酱汁，再搭配米饭和面包食用。19 世纪印度沦为英国殖民地，英国人也很喜欢这种下饭的酱汁，并把它称为“Curry”，这就是今天“咖喱”的发音由来。

英国人对咖喱的喜爱不仅体现在吃上，他们选用姜黄、胡椒、生姜等香料定制了一个标准配方的咖喱粉，并且以“咖喱”的名义卖往其他国家，居然大获成功。英国人只是对咖喱进行了筛选，随后咖喱又被日本人改良了。

明治维新时期，日本皇室派出大批人员坐船去英国学习工业化的科学技术期间，有位好奇日本人在船上嗅到一位印度人厨师做的咖喱饭，香味浓烈，扑鼻四溢，勾起在场日本人的食欲，食后，日本人中一位心眼绅士偷偷地记下所有材料和做法，半年后在英国学成返回日本，才有今天的日本咖喱饭。

咖喱风靡日本主要还是因为日本海军。在英军中流行的咖喱炖肉也进入日本海军的食谱。咖喱被视为“文明开化的西洋料理”，但不同于英国人喜欢用面包搭配咖喱的习惯，热爱大米的日本人则选择用米饭来搭配咖喱，而且他们还在咖喱炖肉中加入面粉，使之变得更浓稠。糊状的咖喱搭配米饭营养均衡，就这样咖喱饭成为日本海军喜爱的固定料理。

北九州门司港是驰名地道的美食“焗咖喱饭”的发祥地。门司港自古以来便是贸易港，深受西式饮食文化影响。大约在 20 世纪 50 年代，有家在门司港的小食店将剩余的咖喱当成白汁焗粉那般煮，意外地很好吃，于是“焗咖喱饭”就在北九州散播开了。

沐着欧风美雨的北海道大学也是最早出现咖喱饭的地方之一。1881 年学校的菜单上，早餐是米饭、汤、酱菜，午饭是米饭、一个菜、酱菜、汤，晚饭是黄油面包、两个有肉的荤菜、汤，但隔日有一份咖喱饭。

札幌市北海道大学周边的学生咖喱饭种类丰富，咖喱的量、辛辣度及副菜都可以自由选择。咖喱饭搭配的食材也多种多样，包括肉类、鱼类、蔬菜类等，还有相应的限定菜单。价格大抵 700 日元左右。

20 世纪 50 年代，日本学校供餐开始有咖喱。1982 年学校供餐的全国统一菜单中，咖喱饭首次当选为第一位。1 月 22 日定为“咖喱日”。随着孩子们的长大，吃咖喱饭成为读书年代养成的习惯，美味简便，日本人一周要吃上好几回。大学周边咖喱饭餐厅也因此蓬勃发展，形成了学生街上的饮食标志。

东京、神田神保町大学区被称为“日本咖喱的激战区”。

从 1924 年起，共荣堂作为出售苏门答腊咖喱的西餐店而开业，现在，神保町已经有 60 多家咖喱店，有法式多蜜酱汁为中心的欧风咖喱、调味料精选的印度风味咖喱、日式的蔬菜咖喱等。据说，学生街咖喱受欢迎是因为可以一边看书，一边用一只汤匙吃咖喱。

由于印度咖喱过于辛辣刺激，日本人在咖喱配方中加入了果泥、蜂蜜来中和辣味，同时还借鉴了法式浓汤的做法，用奶油面糊、土豆淀粉来勾芡，使得咖喱的汤汁变得温和而浓稠，与印度咖喱相比辛辣不足但香甜浓郁，非常适合与米饭搭配。从此日本咖喱正式脱离印度咖喱，成为咖喱世界中一个独立的流派，食谱中的一张品牌。

1963 年，好侍公司根据大众喜好推出了固态咖喱块，也就是中国市场占有率最高的百梦多咖喱块，首次在咖喱配方里加入了苹果和蜂蜜，制成了有日本特色的甜口味咖喱，从这以后在日本市场中咖喱也有了甘口和辛口之分。

另外，在吃日式咖喱饭时，日本人还常会搭配一种叫“神福渍”的酱菜用来佐餐。它是以萝卜、茄子、红豆、莲藕、黄瓜、紫苏果实、香菇和白芝麻等七八种混合蔬菜为原料，经酱油和甜酒浸腌渍而成。神福渍口味酸酸甜甜，与咖喱同食，相得益彰。

口味上日式咖喱给人的感觉大多是辛辣不足，香甜浓郁。而在食材的选用上，制作日式咖喱的蔬菜中一定会有马铃薯、洋葱和胡萝卜这三位老搭档；肉类方面则根据地域不同存在变化，东日本多会使用猪肉，西日本多会使用牛肉，在山口县、岛根县、鸟取县、九州的长崎县以及东日本的栃木县等地多会使用鸡肉，一些地区也偶尔会搭配海鲜等。如九州门司港的烧咖喱，有大虾、墨鱼。

20 世纪 90 年代后半期，为了城市的兴起，人们利用日本各地土特产的名号制作本地咖喱，如北海道“札幌汤咖喱”，汤咖喱会使用大量的水，以鸡骨、牛骨或猪骨加上各种蔬菜熬制汤底，再加上各种香料制作而成。

虽然在日本，咖喱和米饭是最经典的搭配，但除了可以拌饭吃外，咖喱还可以作为拉面和乌冬面等面类食物的汤底。

如今，日本将咖喱饭作为日本的餐食向海外输送。日本最大的咖喱饭连锁店 CoCo 壹番屋，在 2013 年还获吉尼斯世界纪录，被认定为全球最大咖喱连锁店，在全世界共计开店 1453 家。现在咖喱发展为简单便捷的日本国民料理，原料洋葱、土豆、西红柿、胡萝卜、苹果、牛肉，再买上现成的咖喱块，一锅煮熟就能呈现出美味的咖喱料理。如果不想动手，便利店的咖喱饭快餐比比皆是，加热一下香气四溢，满足了你对咖喱的所有想象。

咖喱饭

咖喱饭是日本人最喜欢的西餐。日本人将1月22日定为『咖喱日』。随着孩子们的长大，吃咖喱饭成为读书年代养成的习惯，日本人一周要吃上好几回。

番外篇：穿着木屐到上海

“长崎—上海”航路的开道，不仅是近代中日交通的新纪元，也为日本崛起的维新运动提供了上海经验。

在日本实行严厉的锁国政策的漫长时代，船只和人员被禁止出海航行，日本只开长崎一个港口对外通商，被允许进入长崎的也只有中国和荷兰商人。

1843 年上海开埠，10 年后，1853 年 7 月，锁国的日本也被美国佩里将军率领的军舰“黑船”打开了国门。这时上海开埠后的变化引起了日本政府的高度重视，西洋文明造就的上海都市繁华，令他们赞叹不已。上海被誉为资本主义的最前沿，日本人有机会都想到这个离日本最近的地方观摩西方文明，学习、考察国际贸易和上海的近代化建设，日本也正式开通与中国的贸易。

当时，日本既无远洋的船只，也没有精通航行的船长。1862 年 4 月，有艘停泊在长崎的英国帆船被日本政府看中，并以 3.4 万美元购入，取“可以行得千年船”之意，命名为“千岁丸”。同年 6 月，“千岁丸”首航上海，英国船长船员带着 51 位日本人一行，包括官员、武士、商人抵达上海，最先映入他们眼帘的是上海开埠后黄浦江和外滩的景色，壮观到为之惊叹。上岸考察后，他们发现了外滩后面租界、华界的巨大差别。在 1868 年明治维新的前夜，日本武士清醒认识到：如果面临同样民族危机的日本不顺势改革，那么今日清政府的衰败可能就是明天日本的厄运。这促使日本从“攘夷”转到“倒幕”，推行富国强兵政策，成功地跨入了近代化。

1868 年明治维新政府成立，实现了近代日本前所未有的变革，包括日本人可以到海外发展。1871 年 9 月签订的《中日修好条规》，中日对等开放，中国开放上海、镇江、宁波、广州、厦门、台湾，日本开放横滨、大阪、函馆、神户、长崎等口岸。根据《中日修好条规》的规定，日本先在上海、香港、福州设立领事馆，1873 年上海日本领事馆升级为总领事馆，上海成为中国对日本贸易的重要港口和亚洲的经济中心、中日交流的中心。

当时从日本东京、横滨来上海，可乘坐日本最大的海运公司“日本邮船”，单纯靠海路，时间依然很长。为了节省时间，1910 年，长崎商业会议提出了在长崎至上海间开设“最急行联络航路”，长崎作为东京至上海的陆海路中转港，东京、横滨等地至长崎的特快列车，衔接轮船去上海，从而大大缩短从东京、横滨等地直接到上海的运行时间。长崎政府积极促成，市长还亲自带队到上海调查研究。

1920 年，日本政府批准了中日联络航路计划，并决定每年给予 21.5 万日元的专项补助。同时，“日本邮船”为了实施该计划，在英国定制快速轮船“长崎丸”“上海丸”，它们都是当时具有世界先进水平的快速豪华船。1923 年 2 月 11 日上午，“长崎丸”鸣笛起航，由长崎驶向上海，中日联络航路正式开通。

长崎至上海距离为 460 海里，快速轮船的航行时间仅为 25 ~ 27 小时，一昼夜而已。如上午 9 时从长崎出发，次日上午 10 时到上海；上午 6 时从上海出发，次日上午 9 时回到长崎，为大批日本人到上海谋生和发展事业提供了交通的便利。

上海与东京相比，更能称得上是大都会，对年轻人来说，去上海就如同去西洋一般有吸引力。上海真的很近，日本人穿着木屐，带上一件替换的衣服就可以告别日本。

1870 年，有 7 名日本人正式进入上海，在英租界工部局作为居留人口登记，此后，日本人陆续进入上海，1943 年达到 10 万人。走进当时的虹口吴淞路，你会惊疑自己是已经到了日本，那里，身着和服的妇人，高高的木屐，粉嫩的樱花随处可见，好像日本的街道。

日本邮船

邮轮停靠在日本长崎港。

当时日本最大的海运公司『日本邮船』。各种商业轮船为大批日本人提供了交通的便利。